Hermann Hesse

ENTDECKE DICH SELBST!

Vom Reiz der Individuation

Herausgegeben von Volker Michels

Insel Verlag

Insel-Bücherei Nr. 2511

ICH WAR DAS KIND FROMMER ELTERN,

welche ich zärtlich liebte und noch zärtlicher geliebt hätte, wenn man mich nicht schon frühzeitig mit dem vierten Gebote bekannt gemacht hätte. Gebote aber haben leider stets eine fatale Wirkung auf mich gehabt, mochten sie noch so richtig und noch so gut gemeint sein – ich, der ich von Natur ein Lamm und lenksam bin wie eine Seifenblase, habe mich gegen Gebote jeder Art, zumal während meiner Jugendzeit, stets widerspenstig verhalten. Ich brauchte nur das »Du sollst« zu hören, so wendete sich alles in mir um, und ich wurde verstockt. Man kann sich denken, daß diese Eigenheit von großem und nachteiligem Einfluß auf meine Schuljahre geworden ist. Unsre Lehrer lehrten uns zwar in jenem amüsanten Lehrfach, das sie Weltgeschichte nannten, daß stets die Welt von solchen Menschen regiert und gelenkt und verändert worden war, welche sich ihr eigenes Gesetz gaben und mit den überkommenen Gesetzen brachen, und es wurde uns gesagt, daß diese Menschen verehrungswürdig seien. Allein dies war ebenso gelogen wie der ganze übrige Unterricht, denn wenn einer von uns, sei es nun in guter oder böser Meinung, einmal Mut zeigte und gegen irgendein Gebot, oder auch bloß gegen eine dumme Gewohnheit oder Mode protestierte, dann wurde er weder verehrt noch uns zum Vorbild empfohlen, sondern bestraft, verhöhnt und von der feigen Übermacht der Lehrer erdrückt.

Zum Glück hatte ich das fürs Leben Wichtige und Wertvollste schon vor dem Beginn der Schuljahre gelernt: ich hatte wache, zarte und feine Sinne, auf die ich mich verlassen und aus denen ich viel Genuß ziehen konnte, und wenn ich auch später den Verlockungen der Metaphysik unheilbar erlag und sogar meine Sinne zuzeiten kasteit und vernachlässigt habe, ist doch die Atmosphäre einer zart ausgebildeten Sinnlichkeit, namentlich was Gesicht und Gehör betrifft, mir stets treu geblieben und spielt in meine Gedankenwelt, auch wo sie abstrakt scheint, lebendig mit hinein. Ich hatte also ein gewisses Rüstzeug fürs Leben, wie gesagt, mir längst schon vor dem Beginn der Schuljahre erworben. Ich wußte Bescheid in unsrer Vaterstadt, in den Hühnerhöfen und in den Wäldern, in den Obstgärten und in den Werkstätten der Handwerker, ich kannte die Bäume, Vögel und Schmetterlinge, konnte Lieder singen und durch die Zähne pfeifen, und sonst noch manches, was fürs Leben von Wert ist. Dazu kamen nun also die Schulwissenschaften hinzu, die mir leichtfielen und Spaß machten, namentlich fand ich ein wahres Vergnügen an der lateinischen Sprache und habe beinahe ebenso früh lateinische wie deutsche Verse gemacht. Die Kunst des Lügens und der Diplomatie verdanke ich dem zweiten Schuljahre, wo ein Präzeptor und ein Kollaborator mich in den Besitz dieser Fähigkeiten brachten, nachdem ich vorher in meiner kindlichen Offenheit und Vertrauensseligkeit ein Unglück ums andere über mich gebracht hatte. Diese beiden Erzieher klärten mich erfolgreich darüber auf, daß Ehrlichkeit und Wahrheitsliebe Eigenschaften waren, welche sie bei Schülern nicht suchten. Sie schrieben mir eine Untat zu, eine recht unbedeutende, die in der Klasse passiert war und an der ich völlig unschuldig war, und da sie mich nicht dazu bringen konnten, mich als Täter zu bekennen, wurde aus der Kleinigkeit ein Staatsprozeß, und die beiden folterten und prügelten mir zwar nicht das erhoffte Geständnis, wohl aber jeden Glauben an die Anständigkeit der Lehrerkaste aus. Zwar lernte ich, Gott sei Dank, mit der Zeit auch rechte und der Hochachtung würdige Lehrer kennen, aber der Schaden war geschehen und nicht nur mein Verhältnis zu den Schulmeistern, sondern auch das zu aller Autorität war verfälscht und verbittert. Im ganzen war ich in den sieben oder acht ersten Schuljahren ein guter Schüler, wenigstens saß ich stets unter den Ersten meiner Klasse. Erst mit dem Beginn jener Kämpfe, welche keinem erspart bleiben, der eine Persönlichkeit werden soll, kam ich mehr und mehr auch mit der Schule in Konflikt. Verstanden habe ich jene Kämpfe erst zwei Jahrzehnte später, damals waren sie einfach da und umgaben mich, wider meinen Willen, als ein furchtbares Unglück.

Die Sache war so: von meinem dreizehnten Jahr an war mir das eine klar, daß ich entweder ein Dichter oder gar nichts werden wolle. Zu dieser Klarheit kam aber allmählich eine andre, peinliche Einsicht. Man konnte Lehrer, Pfarrer, Arzt, Handwerker, Kaufmann, Postbeamter werden, auch Musiker, auch Maler oder Architekt, zu allen Berufen der Welt gab es einen Weg, gab es Vorbedingungen, gab es eine Schule, einen Unterricht für den Anfänger. Bloß für den Dichter gab es das nicht! Es war erlaubt und galt sogar für eine Ehre, ein Dichter zu *sein*: das heißt, als Dichter erfolgreich und bekannt zu sein, meistens war man leider dann schon tot. Ein Dichter zu *werden* aber, das war unmöglich, es werden zu *wollen*, war eine Lächerlichkeit und Schande, wie ich sehr bald erfuhr. Rasch hatte ich gelernt, was aus der Situation zu lernen war: Dichter war etwas, was man bloß sein, nicht aber werden durfte. Ferner: Interesse für Dichtung und eigenes dichterisches Talent machten bei den Lehrern verdächtig, man wurde dafür entweder beargwöhnt oder verspottet, oft sogar tödlich beleidigt. Es war mit dem Dichter genauso, wie es mit dem Helden war, und mit allen starken oder schönen, hochgemuten und nicht alltäglichen Gestalten und Bestrebungen: in der Vergangenheit waren sie herrlich, alle Schulbücher standen voll ihres Lobes, in der Gegenwart und Wirklichkeit aber haßte man sie, und vermutlich waren die Lehrer geradezu dazu angestellt und ausgebildet, um das Heranwachsen von famosen, freien Menschen und das Geschehen von großen, prächtigen Taten nach Möglichkeit zu verhindern.

So sah ich zwischen mir und meinem fernen Ziel nichts als Abgründe liegen, alles wurde mir ungewiß, alles entwertet, nur das eine blieb stehen: daß ich Dichter werden wollte, ob es nun leicht oder schwer, lächerlich oder ehrenvoll sein mochte. Die äußeren Erfolge dieses Entschlusses – vielmehr dieses Verhängnisses – waren folgende:

Als ich dreizehn Jahre alt war, und jener Konflikt eben begonnen hatte, ließ mein Verhalten sowohl im

Elternhause wie in der Schule so viel zu wünschen übrig, daß man mich in die Lateinschule einer andern Stadt in die Verbannung schickte. Ein Jahr später wurde ich Zögling eines theologischen Seminars, lernte das hebräische Alphabet schreiben und war schon nahe daran zu begreifen, was ein Dagesch forte implicitum ist, als plötzlich von innen her Stürme über mich hereinbrachen, welche zu meiner Flucht aus der Klosterschule, zu einer Bestrafung mit schwerem Karzer und zu meinem Abschied aus dem Seminar führten.

Eine Weile bemühte ich mich dann an einem Gymnasium, meine Studien vorwärtszubringen, allein Karzer und Verabschiedung war auch dort das Ende. Dann war ich drei Tage Kaufmannslehrling, lief wieder fort und war einige Tage und Nächte zur großen Sorge meiner Eltern verschwunden. Ich war ein halbes Jahr lang Gehilfe meines Vaters, ich war anderthalb Jahre lang Praktikant in einer mechanischen Werkstätte und Turmuhrenfabrik.

Kurz, mehr als vier Jahre lang ging alles unweigerlich schief, was man mit mir unternehmen wollte, keine Schule wollte mich behalten, in keiner Lehre hielt ich lange aus. Jeder Versuch, einen brauchbaren Menschen aus mir zu machen, endete mit Mißerfolg, mehrmals mit Schande und Skandal, mit Flucht oder mit Ausweisung, und doch gestand man mir überall eine gute Begabung und sogar ein gewisses Maß von redlichem Willen zu! Auch war ich stets leidlich fleißig – die hohe Tugend des Müßiggangs habe ich immer mit Ehrfurcht bewundert, aber ich bin nie ein Meister in ihr geworden. Ich begann mit fünfzehn Jahren, als es mir in der Schule mißglückt war, bewußt und energisch meine eigene Ausbildung, und es war mein Glück und meine Wonne, daß im Hause meines Vaters die gewaltige großväterliche Bibliothek stand, ein ganzer Saal voll alter Bücher, der unter andrem die ganze deutsche Dichtung und Philosophie des achtzehnten Jahrhunderts enthielt. Zwischen meinem sechzehnten und zwanzigsten Jahre habe ich nicht bloß eine Menge Papier mit meinen ersten Dichterversuchen vollgeschrieben, sondern habe in jenen Jahren auch die halbe Weltliteratur gelesen und mich um Kunstgeschichte, Sprachen, Philosophie mit einer Zähigkeit bemüht, welche reichlich für ein normales Studium genügt hätte.

Dann wurde ich Buchhändler, um endlich einmal mein Brot selber verdienen zu können. Zu den Büchern hatte ich immerhin mehr und bessere Beziehungen als zum Schraubstock und den Zahnrädern aus Eisenguß, mit denen ich mich als Mechaniker geplagt hatte. Für die erste Zeit war mir das Schwimmen im Neuen und Neuesten der Literatur, ja das Überschwemmtwerden damit, ein beinah rauschähnliches Vergnügen. Doch merkte ich freilich nach einer Weile, daß im Geistigen ein Leben in der bloßen Gegenwart, im Neuen und Neuesten unerträglich und unsinnig war, daß die beständige Beziehung zum Gewesenen, zur Geschichte, zum Alten und Uralten ein geistiges Leben überhaupt erst ermögliche. So war es mir denn, nachdem jenes erste Vergnügen erschöpft war, ein Bedürfnis, aus der Überschwemmung mit Novitäten zum Alten zurückzukehren, ich vollzog das, indem ich aus dem Buchhandel ins Antiquariat überging. Ich blieb dem Beruf jedoch nur so lang treu, als ich ihn brauchte, um das Leben zu fristen. Im Alter von sechsundzwanzig Jahren, auf Grund eines ersten literarischen Erfolges, gab ich auch diesen Beruf wieder auf.

Jetzt also war, unter so vielen Stürmen und Opfern, mein Ziel erreicht: ich war, so unmöglich es geschienen hatte, doch ein Dichter geworden und hatte, wie es schien, den langen zähen Kampf mit der Welt gewonnen. Die Bitternis der Schul- und Werdejahre, in der ich oft sehr nah am Untergang gewesen war, wurde nun vergessen und belächelt – auch die Angehörigen und Freunde, die bisher an mir verzweifelt waren, lächelten mir jetzt freundlich zu. Ich hatte gesiegt, und wenn ich nun das Dümmste und Wertloseste tat, fand man es entzückend, wie auch ich selbst sehr von mir entzückt war. Erst jetzt bemerkte ich, in wie schauerlicher Vereinsamung, Askese und Gefahr ich Jahr um Jahr gelebt hatte, die laue Luft der Anerkennung tat mir wohl, und ich begann ein zufriedener Mann zu werden.

Mein äußeres Leben verlief nun eine gute Weile ruhig und angenehm. Ich hatte Frau, Kinder, Haus und Garten. Ich schrieb meine Bücher, ich galt für einen liebenswürdigen Dichter und lebte mit der Welt in Frieden. […]

Da kam jener Sommer 1914, und plötzlich sah es innen und außen ganz verwandelt aus. Es zeigte sich, daß unser bisheriges Wohlergehen auf unsicherem Boden gestanden war, und nun begann also das Schlechtgehen, die große Erziehung. Die sogenannte große Zeit war angebrochen, und ich kann nicht sagen, daß sie mich gerüsteter, würdiger und besser angetroffen hätte als alle andern auch. Was mich von den andern damals unterschied, war nur, daß ich jenes einen großen Trostes entbehrte, den so viele andere hatten: der Begeisterung. Dadurch kam ich wieder zu mir selbst und in Konflikt mit der Umwelt, ich wurde nochmals in die Schule genommen, mußte nochmals die Zufriedenheit mit mir selbst und mit der Welt verlernen, und trat erst mit diesem Erlebnis über die Schwelle der Einweihung ins Leben.

(Aus dem »Kurzgefaßten Lebenslauf«, 1924)

EIGENSINN

Eine Tugend gibt es, die liebe ich sehr, eine einzige. Sie heißt Eigensinn. – Von allen den vielen Tugenden, von denen wir in Büchern lesen und von Lehrern reden hören, kann ich nicht so viel halten. Und doch könnte man alle die vielen Tugenden, die der Mensch sich erfunden hat, mit einem einzigen Namen umfassen. Tugend ist: Gehorsam. Die Frage ist nur, *wem* man gehorchte. Nämlich auch der Eigensinn ist Gehorsam. Aber alle andern, so sehr beliebten und belobten Tugenden sind Gehorsam gegen Gesetze, welche von Menschen gegeben sind. Einzig der Eigensinn ist es, der nach diesen Gesetzen nicht fragt. Wer eigensinnig ist, gehorcht einem anderen Gesetz, einem einzigen, unbedingt heiligen, dem Gesetz in sich selbst, dem »Sinn« des »Eigenen«.

Es ist sehr schade, daß der Eigensinn so wenig beliebt ist! Genießt er irgendwelche Achtung? O nein, er gilt sogar für ein Laster oder doch für eine bedauerliche Unart. Man nennt ihn bloß da bei seinem vollen, schönen Namen, wo er stört und Haß erregt. (Übrigens: wirkliche Tugenden stören immer und erregen Haß. Siehe Sokrates, Jesus, Giordano Bruno und alle anderen Eigensinnigen.) Wo man einigermaßen den Willen hat, Eigensinn wirklich als Tugend oder doch als hübsche Zierde gelten zu lassen, da schwächt man den rauhen Namen dieser Tugend nach Möglichkeit ab. »Charakter« oder »Persönlichkeit« – das klingt nicht so herb und beinah lasterhaft wie »Eigensinn«. Das tönt schon hoffähiger, auch »Originalität« läßt man sich zur Not gefallen. Letztere freilich nur bei geduldeten Sonderlingen, bei Künstlern und solchen Käuzen. In der Kunst, wo der Eigensinn keinen merklichen Schaden für Kapital und Gesellschaft anrichten kann, läßt man ihn als Originalität sogar sehr gelten, beim Künstler gilt ein gewisser Eigensinn geradezu für wünschenswert; man bezahlt ihn gut. Sonst aber versteht man unter »Charakter« oder »Persönlichkeit« in der heutigen Tagessprache etwas äußerst Verzwicktes, nämlich einen Charakter, der zwar vorhanden ist und gezeigt und dekoriert werden kann, der sich aber bei jedem irgend wichtigen Anlaß sorgfältig unter fremde Gesetze beugt. »Charakter« nennt man einen Mann, der einige eigene Ahnungen und Ansichten hat, aber nicht nach ihnen lebt. Er läßt nur ganz fein so je und je durchblicken, daß er anders denkt, daß er Meinungen hat. In dieser sanften und eitlen Form gilt Charakter auch schon unter Lebenden für Tugend.

Hat aber einer eigene Ahnungen und lebt wirklich nach ihnen, so geht er des lobenden Zeugnisses »Charakter« verlustig, und es wird ihm nur »Eigensinn« zuerkannt. Aber nehmen wir doch das Wort einmal wörtlich! Was heißt denn »Eigensinn«? Das, was einen eigenen Sinn hat. Oder nicht?

Einen »eigenen Sinn« nun hat jedes Ding auf Erden, schlechthin jedes. Jeder Stein, jedes Gras, jede Blume, jeder Strauch, jedes Tier wächst, lebt, tut und fühlt lediglich nach seinem »eigenen Sinn«, und darauf beruht es, daß die Welt gut, reich und schön ist. Daß es Blumen und Früchte, daß es Eichen und Birken, daß es Pferde und Hühner, Zinn und Eisen, Gold und Kohle gibt, das alles kommt einzig und allein davon her, daß jedes kleinste Ding im Weltall seinen »Sinn«, sein eigenes Gesetz in sich trägt und vollkommen sicher und unbeirrbar seinem Gesetze folgt.

Einzig zwei arme, verfluchte Wesen auf Erden gibt es, denen es nicht vergönnt ist, diesem ewigen Ruf zu folgen und so zu sein, so zu wachsen, zu leben und zu sterben, wie es ihnen der tief eingeborene eigene Sinn befiehlt. Einzig der Mensch und das von ihm gezähmte Haustier sind dazu verurteilt, nicht der Stimme des Lebens und Wachstums zu folgen, sondern irgendwelchen Gesetzen, die von Menschen aufgestellt sind und die immer von Zeit zu Zeit wieder von Menschen gebrochen und geändert werden. Und das ist nun das Sonderbarste: Jene wenigen, welche die willkürlichen Gesetze mißachteten, um ihren eigenen, natürlichen Gesetzen zu folgen – sie sind zwar meistens verurteilt und gesteinigt worden, nachher aber wurden sie, gerade sie, für immer als Helden und Befreier verehrt. Dieselbe Menschheit, die den Gehorsam gegen ihre willkürlichen Gesetze als höchste Tugend bei den Lebenden preist und fordert, dieselbe Menschheit nimmt in ihr ewiges Pantheon gerade jene auf, die jener Forderung Trotz boten und lieber ihr Leben ließen, als ihrem »eigenen Sinn« untreu wurden.

Das »Tragische«, jenes wunderbar hohe, mystischheilige Wort, das so voll von Schauern aus einer mythischen Menschheitsjugend her ist und das jeder Berichterstatter täglich so namenlos mißbraucht, das »Tragische« bedeutet ja gar nichts anderes als das Schicksal des Helden, der daran zugrunde geht, daß er entgegen den hergebrachten Gesetzen dem eigenen Sterne folgt. Dadurch, und einzig dadurch, eröffnet sich der Menschheit immer wieder die Erkenntnis vom »eigenen Sinn«. Denn der tragische Held, der Eigensinnige, zeigt den Millionen der Gewöhnlichen, der Feiglinge, immer wieder, daß der Ungehorsam gegen Menschensatzung keine rohe Willkür sei, sondern Treue gegen ein viel höheres, heiligeres Gesetz. Anders ausgedrückt: der menschliche Herdensinn fordert von jedermann vor allem Anpassung und Unterordnung – seine höchsten Ehren aber reserviert er keineswegs den Duldsamen, Feigen, Fügsamen, sondern gerade den Eigensinnigen, den Helden.

Wie die Berichterstatter die Sprache mißbrauchen, wenn sie jeden Betriebsunfall in einer Fabrik »tragisch« nennen (was für sie, die Hanswurste, gleichbedeutend ist mit »bedauerlich«), so tut die Mode nicht minder unrecht, wenn sie vom »Heldentod« all der armen, hingeschlachteten Soldaten spricht. Das ist auch so ein Lieblingswort der Sentimentalen, vor allem der Daheimgebliebenen. Die Soldaten, die im Kriege fallen, sind gewiß unsres höchsten Mitgefühls würdig. Sie haben oft Ungeheures geleistet und gelitten, und sie haben schließlich mit ihrem Leben bezahlt. Aber darum sind sie nicht »Helden«, so wenig wie der, der eben noch ein einfacher Soldat war und vom Offizier wie ein Hund angeschrien wurde, durch die tötende Kugel plötzlich zum Helden wird. Die Vorstellung ganzer Massen, ganzer Millionen von »Helden« ist an sich widersinnig.

Der »Held« ist nicht der gehorsame, brave Bürger und Pflichterfüller. Heldisch kann nur der Einzelne sein, der seinen »eigenen Sinn«, seinen edlen, natürlichen Eigensinn zu seinem Schicksal gemacht hat. »Schicksal und Gemüt sind Namen eines Begriffes«, hat Novalis gesagt, einer der tiefsten und unbekanntesten deutschen Geister. Aber nur der Held ist es, der den Mut zu seinem Schicksal findet.

Würde die Mehrzahl der Menschen diesen Mut und Eigensinn haben, so sähe die Erde anders aus. Unsere bezahlten Lehrer zwar (dieselben, die uns die Helden und Eigensinnigen früherer Zeiten so sehr zu rühmen wissen) sagen, es würde dann alles drüber und drunter gehen. Beweise haben und brauchen sie nicht. In Wirklichkeit würde unter Menschen, die selbständig ihrem inneren Gesetz und Sinn folgen, das Leben reicher und höher gedeihen. In ihrer Welt würde manches Scheltwort und mancher rasche Backenstreich vielleicht ungesühnt bleiben, welcher heute ehrwürdige staatliche Richter beschäftigen muß. Es würde auch hin und wieder ein Totschlag passieren – kommt das trotz allen Gesetzen und Strafen nicht auch heute vor? Manche furchtbare und unausdenklich traurige, irrsinnige Dinge aber, die wir mitten in unserer so wohlgeordneten Welt schauerlich gedeihen sehen, wären dann unbekannt und unmöglich. Zum Beispiel Völkerkriege.

Jetzt höre ich die Autoritäten sagen: »Du predigst Revolution.« Wieder ein Irrtum, der nur unter Herdenmenschen möglich ist. Ich predige Eigensinn, nicht Umsturz. Wie sollte ich Revolution wünschen? Revolution ist nichts anderes als Krieg, ist genau wie dieser eine »Fortsetzung der Politik mit anderen Mitteln«. Der Mensch aber, der einmal den Mut zu sich selber gefühlt und die Stimme seines eigenen Schicksals gehört hat, ach, dem ist an Politik nicht das mindeste mehr gelegen, sie sei nun monarchisch oder demokratisch, revolutionär oder konservativ! Ihn kümmert anderes. Sein »Eigensinn« ist wie der tiefe, herrliche, gottgewollte Eigensinn jedes Grashalms auf nichts anderes gerichtet als auf sein eigenes Wachstum. »Egoismus«, wenn man will. Allein dieser Egoismus ist ein ganz und gar anderer als der verrufene des Geldsammlers oder des Machtehrgeizigen!

Der Mensch mit jenem »Eigensinn«, den ich meine, sucht nicht Geld oder Macht. Er verschmäht diese Dinge nicht etwa, weil er ein Tugendbold und resignierender Altruist wäre – im Gegenteil! Aber Geld und Macht und all die Dinge, um derentwillen Menschen einander quälen und am Ende totschießen, sind dem zu sich selbst gekommenen Menschen, dem Eigensinnigen, wenig wert. Er schätzt eben nur eines hoch, die geheimnisvolle Kraft in ihm selbst, die ihn leben heißt und ihm wachsen hilft. Diese Kraft kann durch Geld und dergleichen nicht erhalten, nicht gesteigert, nicht vertieft werden. Denn Geld und Macht sind Erfindungen des Mißtrauens. Wer der Lebenskraft in seinem Innersten mißtraut, wem sie fehlt, der muß sie durch solche Ersatzmittel, wie Geld, kompensieren. Wer das Vertrauen zu sich selber hat, wer nichts anderes mehr wünscht, als sein eigenes Schicksal rein und frei in sich zu erleben und ausschwingen zu lassen, dem sinken jene überschätzten, tausendmal überzahlten Hilfsmittel zu untergeordneten Werkzeugen herab, deren Besitz und Gebrauch angenehm, aber nie entscheidend sein kann.

Oh, wie ich diese Tugend liebe, den Eigensinn! Wenn man sie erst einmal erkannt und etwas davon in sich gefunden hat, dann werden die vielen bestempfohlenen Tugenden allesamt merkwürdig zweifelhaft.

Der Patriotismus ist so eine. Ich habe nichts gegen ihn. Er setzt an Stelle des Einzelnen einen größeren Komplex. Aber so richtig als Tugend geschätzt wird er doch erst, wenn das Schießen losgeht – dieses naive und so lächerlich unzulängliche Mittel, »die Politik fortzusetzen«. Den Soldat, der Feinde totschießt, hält man doch eigentlich immer für den größeren Patrioten als den Bauern, der sein Land möglichst gut anbaut. Denn letzterer hat davon selber Vorteil. Und komischerweise gilt in unserer verzwickten Moral stets diejenige Tugend für zweifelhaft, die ihrem Inhaber selber wohltut und nützt!

Warum eigentlich? Weil wir gewohnt sind, Vorteile immer auf Kosten anderer zu erjagen. Weil wir voll Mißtrauen meinen, immer gerade das begehren zu müssen, was ein anderer hat.

Der Wildenhäuptling hat den Glauben, die Lebenskraft der von ihm getöteten Feinde gehe in ihn selber über. Liegt nicht dieser selbe arme Negerglaube jedem Krieg zugrunde, jeder Konkurrenz, jedem Mißtrauen zwischen den Menschen? Nein, wir wären glücklicher, wenn wir den braven Bauer mindestens dem Soldaten gleichstellen würden! Wenn wir den Aberglauben aufgeben könnten, das, was ein Mensch oder ein Volk an Leben und Lebenslust gewinne, müsse unbedingt einem andern weggenommen sein!

Nun höre ich den Lehrer sprechen: »Das klingt ja sehr hübsch, aber bitte betrachten Sie die Sache einmal ganz sachlich vom nationalökonomischen Standpunkt aus! Die Weltproduktion ist –«

Worauf ich erwidere: »Nein, danke. Der nationalökonomische Standpunkt ist durchaus kein sachlicher, er ist eine Brille, durch die man mit sehr verschiedenen Ergebnissen schauen kann. Zum Beispiel vor dem Kriege konnte man nationalökonomisch beweisen, daß ein Weltkrieg unmöglich sei oder doch nicht lange dauern könne. Heute kann man, ebenfalls nationalökonomisch, das Gegenteil beweisen. Nein, lasset uns doch einmal Wirklichkeiten denken, statt dieser Phantasien!«

Es ist nichts mit diesen »Standpunkten«, sie mögen heißen, wie sie wollen, und sie mögen von den fettesten Professoren vertreten werden. Sie sind alle Glatteis. Wir sind weder Rechenmaschinen noch sonstwelche Mechanismen. Wir sind Menschen. Und für den Menschen gibt es nur *einen* natürlichen Standpunkt, nur *einen* natürlichen Maßstab. Es ist der des Eigensinnigen. Für ihn gibt es weder Schicksale des Kapitalismus noch des Sozialismus, für ihn gibt es kein England und kein Amerika, für ihn lebt nichts als das stille, unweigerliche Gesetz in der eigenen Brust, dem zu folgen dem Menschen des bequemen Herkommens so unendlich schwerfällt, das dem Eigensinnigen aber Schicksal und Gottheit bedeutet.

(1917)

DIE NORMALEN

Auf dem Wege vom Fisch, Vogel und Affen bis zum kriegführenden Tier unserer Zeit, auf dem langen Wege, auf dem wir mit der Zeit Menschen und Götter zu werden hoffen, konnten es nicht die »Normalen« sein, die von Stufe zu Stufe vorwärts gedrängt hatten. Die Normalen waren konservativ, sie blieben gern beim Gesunden, Bewährten. Eine normale Eidechse kam nie auf den Gedanken, es einmal mit dem Fliegen zu versuchen. Ein normaler Affe dachte nie daran, den Baum zu verlassen und aufrecht auf der Erde zu wandeln. Der das zuerst getan, der das zuerst probiert, zuerst davon geträumt hatte, der war unter den Affen ein Phantast und Sonderling, ein Dichter und Neuerer gewesen, und kein Normaler. Die Normalen, so sah ich, waren dazu da, die gefundene Form einer Lebensweise, einer Rasse und Art festzuhalten, zu schützen und zu befestigen, damit Rückhalt und Lebensvorrat da sei. Die Phantasten aber waren dazu da, ihre Sprünge zu machen und das nie Erdachte zu träumen, damit vielleicht einmal aus dem Fisch ein Landtier und aus dem Affen ein Affenmensch werden könne.

Also war »normal« eigentlich auch nichts Ideales,

es war auch nur der Name für eine Funktion, nämlich für die konservative, arterhaltende. »Begabt« oder »Phantast« aber war der Name für die Funktion des Spielens und Probierens, des Ballspielens mit Problemen. Man konnte dabei kaputtgehen, wahnsinnig werden, dem Selbstmord verfallen. Man konnte aber unter Umständen auch Flügel erfinden, Götter schaffen. Kurz: während der Normale dafür sorgte, daß die Art, wie sie war, erhalten bleibe, war es Amt des »Geistigen«, dafür zu sorgen, daß der andere, gegenteilige Besitz der Menschheit, nämlich ihr Ideal, ebenfalls erhalten bleibe und nicht eingehe. Zwischen beiden Polen spielte das Leben der Menschheit: Festhalten, was man erreicht hat, und Erreichtes wegwerfen, um Weiteres anzustreben! Das war es. Und des Dichters Funktion war die, auf der idealen Seite mitzutun, Ahnungen zu haben, Ideale zu schaffen, Träume zu haben.

(Aus »Phantasien«, 1918)

DER SCHRITT VOM TIER ZUM MENSCHEN

Die Zähmung des Menschen, seine Entwicklung vom Gorilla zum Kulturwesen, geht einen langen, langsamen Weg. Die praktischen, in Sitte und Gesetz festgelegten Errungenschaften sind zweifelhaft, jede Gelegenheit fördert zähnefletschende Atavismen zutage und macht alles scheinbar für immer Erreichte wieder hinfällig. Wenn wir das vorläufige Ziel der Menschwerdung in der Erfüllung der geistigen Forderungen suchen, welche seit Zoroaster und Lao Tse von den geistigen Führern der Menschheit aufgestellt worden sind, dann müssen wir sagen, daß die heutige Menschheit noch unendlich viel näher beim Gorilla als beim Menschen steht. Wir sind noch nicht Menschen, wir sind nur auf dem Weg zum Menschentum.

Vor einigen tausend Jahren hat das religiöse Gesetz eines hochstehenden Volkes den grundlegenden Satz aufgestellt: »Du sollst nicht töten.« – [...]

Und immer wieder werden wir Gläubigen der Zukunft jene alte Forderung erheben: »Du sollst nicht töten.« Auch wenn alle Gesetzbücher der ganzen Welt einmal das Töten verbieten werden (einbegriffen das Töten im Krieg und das Töten durch den Henker), wird die Forderung niemals verstummen. Denn sie ist die Grundforderung jedes Fortschrittes, jeder Menschwerdung. Wir töten so viel! Wir töten ja nicht nur in den dummen Schlachten, in den dummen Straßenschießereien der Revolution, in den dummen Hinrichtungen – wir töten auf Schritt und Tritt. Wir töten, indem wir begabte junge Menschen aus Not in Berufe gehen lassen, für die sie nicht geeignet sind. Wir töten, indem wir vor Armut, Not, Schande die Augen zudrücken. Wir töten, indem wir aus Bequemlichkeit abgestorbenen Einrichtungen in Gesellschaft, Staat, Schule, Religion gelassen zusehen und Billigung heucheln, statt ihnen entschlossen den Rücken zu kehren. Wie für den konsequenten Sozialismus das Eigentum ein Diebstahl ist, so ist für den konsequenten Gläubigen unserer Art jedes Nichtanerkennen von Leben, jede Härte, jede Gleichgültigkeit, jede Verachtung nichts anderes als Töten. Man kann nicht nur Gegenwärtiges töten, sondern auch Zukünftiges.

(Aus »Du sollst nicht töten«, 1919)

WAS SOLLEN WIR TUN?

Es gab einmal einen deutschen Geist, einen deutschen Mut, eine deutsche Mannhaftigkeit, welche sich nicht nur im Herdenlärm und der Massenbegeisterung äußerte. Der letzte große Geist dieser Art ist Nietzsche gewesen, und er ist, inmitten des damaligen Gründertums und der damaligen Herdengesinnung in Deutschland, zum Anti-Patrioten und Anti-Deutschen geworden. An ihn will mein Ruf erinnern, an seinen Mut, an seine Einsamkeit. Statt des Herdengeschreis, dessen weinerliche jetzige Note um nichts lieblicher ist, als während der »großen Zeit« seine großmäulige und brutale es war, will dieser Ruf die Geistigen unter der deutschen Jugend an einige einfache, unerschütterte Tatsachen und Erfahrungen der Seele erinnern. Möge jeder sich zum Volk und der Allgemeinheit verhalten, wie Bedürfnis und Gewissen es ihm eingibt – wenn er darüber sich selbst, seine eigene Seele versäumt, so wird es wertlos sein. Erst wenige im verarmten und besiegten Deutschland haben begonnen, das Weinen und Schimpfen als unfruchtbar zu erkennen und sich tüchtig und mannhaft zu machen für das, was kommen soll. Erst wenige haben eine Ahnung von dem Verfall des deutschen Geistes, in dem wir lang vor dem Kriege schon lebten. Wir müssen nicht hinten beginnen, bei den Regierungsformen und politischen Methoden, sondern wir müssen vorn anfangen, beim Bau der Persönlichkeit, wenn wir wieder Geister und Männer haben wollen, die uns Zukunft verbürgen.

(Zur ersten anonymen Ausgabe von Hesses politischem Aufruf »Zarathustras Wiederkehr«, 1919)

Vor nichts graut Lehrern so sehr wie vor den seltsamen Erscheinungen, die im Wesen früh entwickelter Knaben in dem ohnehin gefährlichen Alter der beginnenden Jünglingsgärung hervortreten. – Zwischen Genie und Lehrerzunft ist eben von alters eine tiefe Kluft befestigt, und was von solchen Leuten sich auf Schulen zeigt, ist den Professoren von vornherein ein Greuel. Für sie sind Genies jene Schlimmen, die keinen Respekt vor ihnen haben, die mit vierzehn Jahren zu rauchen beginnen, mit fünfzehn sich verlieben, mit sechzehn in die Kneipen gehen, welche verbotene Bücher lesen, freche Aufsätze schreiben, den Lehrer gelegentlich höhnisch fixieren und im Diarium als Anführer und Karzerkandidaten notiert werden. Ein Schulmeister hat lieber einige Esel als ein Genie in seiner Klasse, und genau betrachtet hat er ja recht, denn seine Aufgabe ist es nicht, extravagante Geister heranzubilden, sondern gute Lateiner, Rechner und Biedermänner. Wer aber mehr und Schwereres vom andern leidet, der Lehrer vom Knaben oder umgekehrt, wer von beiden mehr Tyrann, mehr Quälgeist ist und wer von beiden es ist, der dem anderen Teile seiner Seele und seines Lebens verdirbt und schändet, das kann man nicht untersuchen, ohne mit Zorn und Scham an die eigene Jugend zu denken. Doch ist das nicht unsere Sache, und wir haben den Trost, daß bei den wirklich Genialen fast immer die Wunden vernarben und daß aus ihnen Leute werden, die der Schule zum Trotz ihre guten Werke schaffen und welche später, wenn sie tot und vom angenehmen Nimbus der Ferne umflossen sind, anderen Generationen von ihren Schulmeistern als Prachtstücke und edle Beispiele vorgeführt werden. Und so wiederholt sich von Schule zu Schule das Schauspiel des Kampfes zwischen Gesetz und Geist, und immer wieder sehen wir Staat und Schule atemlos bemüht, die alljährlich auftauchenden paar tieferen und wertvolleren Geister an der Wurzel zu knikken. Und immer wieder sind es vor allem die von den Schulmeistern Gehaßten, die Oftbestraften, Entlaufenen, Davongejagten, die nachher den Schatz unseres Volkes bereichern. Manche aber – und wer weiß wie viele? – verzehren sich in stillem Trotz und gehen unter.

(Aus »Unterm Rad«, entstanden 1903)

AUS DEM »DEMIAN«

Jeder Mensch ist nicht nur er selber, er ist auch der einmalige, ganz besondere, in jedem Fall wichtige und merkwürdige Punkt, wo die Erscheinungen der Welt sich kreuzen, nur einmal so und nie wieder. Darum ist jedes Menschen Geschichte wichtig, ewig, göttlich, darum ist jeder Mensch, solange er irgend lebt und den Willen der Natur erfüllt, wunderbar und jeder Aufmerksamkeit würdig. In jedem ist der Geist Gestalt geworden, in jedem leidet die Kreatur, in jedem wird ein Erlöser gekreuzigt.

*

Das Leben jedes Menschen ist ein Weg zu sich selber hin, der Versuch eines Weges, die Andeutung eines Pfades. Kein Mensch ist jemals ganz und gar er selbst gewesen; jeder strebt dennoch es zu werden, einer dumpf, einer lichter, jeder wie er kann. Jeder trägt Reste von seiner Geburt, Schleim und Eischalen einer Urwelt, bis zum Ende mit sich hin. Mancher wird niemals Mensch, bleibt Frosch, bleibt Eidechse, bleibt Ameise. Mancher ist oben Mensch und unten Fisch. Aber jeder ist ein Wurf der Natur nach dem Menschen hin. […] jeder strebt, ein Versuch und

Entwurf aus den Tiefen, seinem eigenen Ziele zu. Wir können einander verstehen; aber deuten kann jeder nur sich selbst.

*

Alle Menschen sind bereit, das Unglaubliche zu tun, wenn ihre Ideale bedroht werden. Aber keiner ist da, wenn ein neues Ideal, eine neue, vielleicht gefährliche und unheimliche Regung des Wachstums anklopft. [...] Man muß sich das immer biologisch und entwicklungsgeschichtlich denken! Als die Umwälzungen auf der Erdoberfläche die Wassertiere ans Land, Landtiere ins Wasser warf, da waren es die schicksalsbereiten Exemplare, die das Neue und Unerhörte vollziehen und ihre Art durch neue Anpassungen retten konnten.

*

Auch den harmlosen Menschen bleibt es kaum erspart, einmal oder einigemal im Leben in Konflikt mit den schönen Tugenden der Pietät und der Dankbarkeit zu geraten. Jeder muß einmal den Schritt tun, der ihn von seinem Vater, von seinen Lehrern trennt, jeder muß etwas von der Härte der Einsamkeit spüren, wenn auch die meisten Menschen wenig davon ertragen können und bald wieder unterkriechen.

*

Jeder von uns muß für sich selber finden, was erlaubt und was verboten – ihm verboten ist. Man kann niemals etwas Verbotenes tun und kann ein großer Schuft dabei sein. Und ebenso umgekehrt. – Eigentlich ist es bloß eine Frage der Bequemlichkeit! Wer zu bequem ist, um selber zu denken und selber sein Richter zu sein, der fügt sich eben in die Verbote, wie sie nun einmal sind. Er hat es leicht. Andere spüren selber Gebote in sich, ihnen sind Dinge verboten, die jeder Ehrenmann täglich tut, und es sind ihnen andere Dinge erlaubt, die sonst verpönt sind. Jeder muß für sich selber stehen.

*

Sie werden doch wohl nicht alle die Zweibeiner, die da auf der Straße laufen, für Menschen halten, bloß weil sie aufrecht gehen und ihre Jungen neun Monate tragen? Sie sehen doch, wie viele von ihnen Fische oder Schafe, Würmer oder Egel sind, wie viele Ameisen, wie viele Bienen! Nun, in jedem von ihnen sind die Möglichkeiten zum Menschen da, aber erst, indem er sie ahnt, indem er sie teilweise sogar bewußt machen lernt, gehören diese Möglichkeiten ihm.

*

In jedem von uns kehrt die ganze Erde und Menschheit wieder, macht einen neuen Versuch, probiert neue Wandlungen. Wer irgendeine Religion, ein Sittengesetz etc. fertig hinnehmen kann, in dem erlischt die Quelle des heftigsten und innigsten Erlebens.

»SICH NICHT DEM BREITEN STROME ANBEQUEMEN«

Lyrische Impulse

ALLEIN

Es führen über die Erde
Straßen und Wege viel,
Aber alle haben
Dasselbe Ziel.

Du kannst reiten und fahren
Zu zwein und zu drein,
Den letzten Schritt mußt du
Gehen allein.

Drum ist kein Wissen
Noch Können so gut,
Als daß man alles Schwere
Alleine tut.

(1906)

DIE FLAMME

Ob du tanzen gehst in Tand und Plunder,
Ob dein Herz sich wund in Sorgen müht,
Täglich neu erfährst du doch das Wunder,
Daß des Lebens Flamme in dir glüht.

Mancher läßt sie lodern und verprassen,
Trunken im verzückten Augenblick,
Andre geben sorglich und gelassen
Kind und Enkeln weiter ihr Geschick.

Doch verloren sind nur dessen Tage,
Den sein Weg durch dumpfe Dämmrung führt,
Der sich sättigt in des Tages Plage
Und des Lebens Flamme niemals spürt.

(1910)

KEINE RAST

Seele, banger Vogel du,
Immer wieder mußt du fragen:
Wann nach so viel wilden Tagen
Kommt der Friede, kommt die Ruh?

O ich weiß: kaum haben wir
Unterm Boden stille Tage,
Wird vor neuer Sehnsucht dir
Jeder liebe Tag zur Plage.

Und du wirst, geborgen kaum,
Dich um neue Leiden mühen
Und voll Ungeduld den Raum
Als der jüngste Stern durchglühen.

(1913)

NEUES ERLEBEN

Wieder seh ich Schleier sinken,
Und Vertrautestes wird fremd,
Neue Sternenräume winken,
Seele schreitet traumgehemmt.

Abermals in neuen Kreisen
Ordnet sich um mich die Welt,
Und ich seh mich eiteln Weisen
Als ein Kind hineingestellt.

Doch aus früheren Geburten
Zuckt entfernte Ahnung her:
Sterne sanken, Sterne wurden,
Und der Raum war niemals leer.

Seele beugt sich und erhebt sich,
Atmet in Unendlichkeit,
Aus zerrißnen Fäden webt sich
Neu und schöner Gottes Kleid.

(1914)

SCHICKSALSTAGE

Wenn die trüben Tage grauen,
Kalt und feindlich blickt die Welt,
Findet scheu sich dein Vertrauen
Ganz auf dich allein gestellt.

Aber in dich selbst verwiesen
Aus der alten Freuden Land,
Siehst du neuen Paradiesen
Deinen Glauben zugewandt.

Als dein Eigenstes erkennst du,
Was dir fremd und feind erschien,
Und mit neuen Namen nennst du
Dein Geschick und nimmst es hin.

Was dich zu erdrücken drohte,
Zeigt sich freundlich, atmet Geist,
Ist ein Führer, ist ein Bote,
Der dich hoch und höher weist.

(1918)

BEKENNTNIS

Holder Schein, an deine Spiele
Sieh mich willig hingegeben;
Andre haben Zwecke, Ziele,
Mir genügt es schon, zu leben.

Gleichnis will mir alles scheinen,
Was mir je die Sinne rührte,
Des Unendlichen und Einen,
Das ich stets lebendig spürte.

Solche Bilderschrift zu lesen,
Wird mir stets das Leben lohnen,
Denn das Ewige, das Wesen,
Weiß ich in mir selber wohnen.

(1918)

WEG NACH INNEN

Wer den Weg nach innen fand,
Wer in glühndem Sichversenken
Je der Weisheit Kern geahnt,
Daß sein Sinn sich Gott und Welt
Nur als Bild und Gleichnis wähle:
Ihm wird jedes Tun und Denken
Zwiegespräch mit seiner eignen Seele,
Welche Welt und Gott enthält.

(1918)

BÜCHER

Alle Bücher dieser Welt
Bringen dir kein Glück,

Doch sie weisen dich geheim
In dich selbst zurück.

Dort ist alles, was du brauchst,
Sonne, Stern und Mond,
Denn das Licht, danach du frugst,
In dir selber wohnt.

Weisheit, die du lang gesucht
In den Bücherein,
Leuchtet jetzt aus jedem Blatt –
Denn nun ist sie dein.

(1918)

DEM GRAFEN WISER

Sich nicht dem breiten Strome anbequemen,
Auf eigenem Wege suchen, Spott nicht achten,
Nur seiner Sendung treu der Wahrheit dienen,
Ob auch die Offiziellen uns verachten,
Ob auch die von der Gilde Anstoß nehmen,
Auf eigenen Füßen gehen statt auf Schienen –
In diesem Streben sind wir uns verwandt
Und haben drum als Freunde uns erkannt.

Du gabst mir viel, ich kann dir wenig geben,
Ich bleibe Schuldner dir in diesem Leben
Und hoffe gläubig, daß in einem andern
Wir wieder ähnliche Wege werden wandern.

(1936)

SPÄTE PRÜFUNG

Nochmals aus des Lebens Weiten
Reißt mich Schicksal hart ins Enge,
Will in Dunkel und Gedränge
Prüfung mir und Not bereiten.

Alles scheinbar längst Erreichte,
Ruhe, Weisheit, Altersfrieden,
Reuelose Lebensbeichte –
War es wirklich mir beschieden?

Ach, es ward von jenem Glücke
Aus den Händen mir geschlagen
Gut um Gut und Stück um Stücke;
Aus ist's mit den heitern Tagen.

Scherbenberg und Trümmerstätte
Ward die Welt und ward mein Leben.
Weinend möcht ich mich ergeben,
Wenn ich diesen Trotz nicht hätte,

Diesen Trotz im Grund der Seele,
Mich zu stemmen, mich zu wehren,
Diesen Glauben: was mich quäle,
Müsse sich ins Helle kehren,

Diesen unvernünftig zähen
Kinderglauben mancher Dichter
An unlöschbar ewige Lichter,
Die hoch über allen Höllen stehen.

(1944)

»EHRFURCHT VOR DEM LEBEN UND SEINEM SINN«

Antworten auf Leserbriefe

Was mich zeitlebens beschäftigt, gefesselt und fruchtbar gemacht hat, waren nicht soziale Probleme, sondern die des Individuums, und die Tendenz der neuern Weltgeschichte, die Persönlichkeit zugunsten der konformen Masse auszurotten, ist mir völlig verhaßt. [...] Die Schwierigkeiten, welche die heutige Welt dem Individuum und seiner harmonischen Ausbildung zur Persönlichkeit entgegenstellt, werden, wie ich täglich erfahre, auch innerhalb der autoritären Religionen und Staaten von sehr vielen, namentlich von der begabteren Jugend, sehr stark empfunden, und ein Teil dieser Jugend, wenigstens im Gebiet der deutschen Sprache, scheint in mir den verwandten Dichter zu sehen.

(Aus einer autobiographischen Skizze vom Januar 1940)

*

Die aus diesen Zeilen erkennbare Tendenz seiner Publikationen führte dazu, dass Hermann Hesse im Lauf seines Lebens Tausende Zuschriften von Lesern erhielt, die sich selbst und ihre eigenen Konflikte in seinen Büchern wiedererkannten und solches Vertrauen zu ihm fassten, dass sie ihm dies mitteilten. Obwohl ihm das Korrespondieren eher lästig war, weil es ihn hinderte, seine eigenen Pläne und Aufgaben zu realisieren, hat er sich dennoch für die Wirkung seiner Publikationen verantwortlich gefühlt und viele dieser Zuschriften beantwortet. Da nicht wenige Fragen seiner Leser auf das Thema unseres Bandes zielen, sollen Hesses Antworten darauf in ihren unterschiedlichen Facetten berücksichtigt und in chronologischer Folge hier einbezogen werden:

Da ich in meinen Schriften erlebte seelische Schwierigkeit und Leiden darstelle, meinen sehr viele, ich müsse dafür ein Heilmittel wissen, vermuten sie mich im Besitz größerer seelischer Hilfsmittel, als ich wirklich habe, und gehen mich in schweren Lebensfragen um Rat an. Meistens sind es ganz junge Menschen, denen der Weg zu ihrem eigentlichen Leben und Beruf unklar ist, denen kann man zuweilen wirklich einen Stoß vorwärts geben. Oft aber sind es Leute mit heiklen Seelen- und Ehe-Erlebnissen, Enttäuschte und Nervöse. Ich folge da im ganzen der Gewohnheit, nur da zu antworten, wo ich in irgendeinem

Punkt etwas Deutliches sagen kann, das andre aber beiseite zu legen.

(Aus einem Brief von 1919 an Hans Reinhart)

*

Es finden sich überall auf Erden Menschen unsrer Art. Daß ich für einen kleinen Teil von ihnen ein Mittelpunkt, ein Knotenpunkt im Netz sein kann, ist die Last und das Glück meines Lebens.

(Aus einem Brief vom August 1955 an Heinrich Langner)

*

Auch das Irren ist ein Weg, und keiner kann den Weg eines anderen gehen, jeder muß seinen eigenen finden.

(Aus einem Brief vom 14.7.1920 an Gustav Gamper)

*

Der »Demian« betont den Individuationsprozeß, das Werden der Persönlichkeit, ohne das kein höheres Leben ist. Und bei diesem Prozeß, wo es lediglich Treue gegen sich selber gilt, gibt es eigentlich nur einen großen Feind: die Konvention, die Trägheit, das Bürgertum. Lieber sich mit allen Teufeln und Dämonen schlagen, als den verlogenen Gott der Konvention annehmen! Dies ist ein jugendlicher und protestantischer Standpunkt, den ich indessen noch heute vertrete, sobald es sich um das Werden der Individualität handelt. Daß mir die andre Seite unsrer Aufgabe und Bestimmung, die größere, göttliche, das Überwinden der Persönlichkeit und das Durchdrungenwerden von Gott, auch bekannt ist, haben Sie aus dem »Siddhartha« gesehen. Ich selbst sehe diese zwei Bücher keineswegs als Widersprüche, sondern als Stücke desselben Weges.

(Aus einem Brief vom 2.3.1923 an Frederik van Eeden)

*

Alle Dinge, die man gegen sein Gefühl und gegen sein inneres Wissen tut, anderen zuliebe, sind nicht gut, und müssen früher oder später teuer bezahlt werden.

(Aus einem Brief vom 9.3.1923 an Lisa Wenger)

*

Die Frage Ihres Briefes, die ich als wichtig und brennend mitempfinde, ist die, »ob man der Stimme im Innern überhaupt folgen darf«, d.h., ob alles, was wir Persönlichkeit nennen, nicht eitle Torheit sei. Diese

Frage steht auch vor mir immer neu auf, ich habe sie im »Demian« ganz anders beantwortet als in »Siddhartha«. Ich könnte zum Beispiel die Frage auf Ihren Fall anwenden und sagen: Das Höchste und Wünschenswerteste, was Sie bestenfalls im Leben sich erwerben können, wäre die Heimkehr zu einer vertrauensvollen, frommen, katholischen Gläubigkeit – aber mit dem Plus einer individualisierten, differenzierten, reiferen Seele, die Sie sich durch die Unruhe und Qual des Zweifels und der Revolution erworben und erlitten haben. [...] Jeden von uns tritt das Leben in der Gestalt seiner Zeit an, jeder von uns steht vor Aufgaben und Problemen, die einmalig und vergänglich sind, für uns aber das ganze Leben bedeuten, weil es eben nicht allgemeine und gelehrte, sondern unsre eigenen, brennenden Probleme sind. Und diese Probleme, möchte ich sagen, sind nicht da, um »gelöst« zu werden, sondern um erlitten und erlebt zu werden, sie sind das uns gegebene Leid, und Leid wird zu Leben und Freude und Wert nur auf dem schmerzlichen Wege des Erleidens, des Ausfressens.
(Aus einem Brief vom 25.2.1924 an Eduard A. Schröder)

*

Erziehung hat mich nie interessiert, dagegen Selbsterziehung immer. Aus Anlage und dem, was das Leben uns in die Hand gibt, sein Schicksal zu schmieden – aus individueller Herkunft und überpersönlichem Ziel die Spannung zum Streben zu nehmen – das Höchste an Menschenbild als Ideal in sich tragen und doch den Alltag und Zufall mit Phantasie und Humor nehmen – das etwa würde ich heut als Inhalt meiner »Erziehungs«versuche nennen.

(Postkarte vom März 1928 an Walter Schurig)

*

Der »Demian« handelt von einer ganz bestimmten Aufgabe und Not der Jugend, welche freilich mit der Jugend nicht aufhört, aber doch sie am meisten angeht. Es ist der Kampf um die Individualisierung, um das Entstehen einer Persönlichkeit.

Nicht jedem Menschen ist es gegeben, eine Persönlichkeit zu werden, die meisten bleiben Exemplare, und kennen die Nöte der Individualisierung gar nicht. Wer sie aber kennt und erlebt, der erfährt auch unfehlbar, daß diese Kämpfe ihn mit dem Durchschnitt, dem normalen Leben, dem Hergebrachten und Bürgerlichen in Konflikt bringen. Aus den zwei entgegengesetzten Kräften, dem Drang nach einem persönlichen Leben und der Forderung der Umwelt nach Anpassung, entsteht die Persönlichkeit. Keine entsteht ohne revolutionäre Erlebnisse, aber der Grad ist natürlich bei allen Menschen verschieden, wie auch die Fähigkeit, ein wirklich persönliches und einmaliges Leben (also kein Durchschnittsleben) zu führen, sehr verschieden ist.

Der »Demian« zeigt gerade jene Seite im Kampf um die werdende Persönlichkeit, die den Erziehern die unbequemste ist. Der werdende junge Mensch, wenn er den Drang zu starker Individualisierung hat, wenn er vom Durchschnitts- und Allerwelts-Typ stark abweicht, kommt notwendig in Lagen, die den Anschein des Verrückten haben.

Ich glaube also, daß Sie auf dem rechten Wege sind, denn Sie spüren diese Nöte. Es gilt nun nicht, seine »Verrücktheiten« der Welt aufzuzwingen und die Welt zu revolutionieren, sondern es gilt, sich für die Ideale und Träume der eigenen Seele gegen die Welt so viel zu wehren, daß sie nicht verdorren. Die dunkle Innenwelt, wo diese Träume zu Hause sind, ist beständig bedroht, sie wird von den Kameraden verspottet, von den Erziehern gemieden, sie ist kein fester Zustand, sondern ein beständiges Werden.

Unsere Zeit macht es da den Feineren in der Jugend besonders schwer. Es besteht überall das Streben, die Menschen gleichförmig zu machen und ihr Persönliches möglichst zu beschneiden. Dagegen wehrt sich unsre Seele mit Recht, daraus entstehen die Demianerlebnisse. – Sie nehmen für jeden andre Formen an, ihr Sinn aber ist immer derselbe. Wem es ernst ist, der überwindet sie, und wenn er stark ist, wird er aus einem Sinclair ein Demian.

(Aus einem Brief vom Februar 1929 an Marie-Louise Dumont)

*

Die Menschen von unserer Art sind in der Tat in dieser Zeit übel dran. Inmitten der Autos und Kinos, der Boxkämpfe und alles dessen, was sich heute Kultur nennt, sind wir zum Ersticken verurteilt. Es gibt zwei Wege aus dem Elend, der eine (es ist der meine) ist der des Künstlers: er stemmt sich gegen die Zeit, indem er ihr Wert und Wichtigkeit abspricht, indem er in seinen Büchern seine Not und Verzweiflung auszusprechen sucht, indem er seine Träume und heimlichen Seelenfreuden behütet und pflegt.

Der zweite Weg führt direkt ins Leben. Es kann überall und zu jeder Stunde da, wo zwei oder drei junge gutgewillte Menschen zusammenkommen, eine

Revolte gegen den Schlendrian der »Wirklichkeit« begonnen werden. Die Organisationen, Jugendbünde etc. sind für die vielen, für jene Menschen, denen nicht das Schicksal einer starken Individuation auferlegt ist. Die anderen, die einzelnen, haben es schwerer, aber auch sie können gegen die Trägheit und Lieblosigkeit der Welt etwas tun; in jedem noch so engen Kreis kann ein wenig Seele gepflegt, ein wenig Liebe geübt, kann ein Ideal aufgestellt werden. Inmitten einer rohen und seelenarmen Zeit mit der Verantwortlichkeit des Beseelten zu leben versuchen, jeden Tag wieder, trotz allen Rückfällen, trotz aller (scheinbaren) Nutzlosigkeit – das ist es, was Ihr junge Menschen tun könnt. Zehn oder zwanzig Menschen in einer Stadt, die so leben, die an sich und ihr Leben hohe Forderungen stellen, bedeuten mehr als 100.000 andere Einwohner. Sie sind das, was Jesus seine Jünger nannte: das Salz der Erde. Ich kann nicht mehr sagen. Ich bin selber ebenso oft hoffnungslos wie mutig, ich muß auch immer wieder von vorn anfangen. Aber es gibt keinen andern Weg.

(Aus einem Brief vom 18.4.1929 an Herbert Roch)

*

Das Werden des Menschen, der Kampf einer jungen Seele um ihre eigene Gestaltung, ist im Grunde immer gleich. Nur hat die Jugend es heute vielleicht schwerer in diesem Kampf. Wir Alten hatten es mit anderen Schwierigkeiten zu tun. Es war sehr vieles verboten, was die heutige Jugend besitzt. Aber das Bedürfnis nach Persönlichkeit stieß damals auf weniger große Hemmungen als heute. Heute, scheint mir, ist das Ideal des Massenmenschen sehr stark geworden. Sowohl im revolutionären Russland wie im höchst bürgerlichen Amerika gilt das gleiche: man strebt nach einem Allgemein-Ideal, nicht nach Persönlichkeit, und die politischen Parteien werben heftig um die Jugend.

Sie selber empfinden ja manchmal Ihre Neigungen und Seelenbedürfnisse als »romantisch« oder »sentimental«. Sie werden aber dennoch diesen Bedürfnissen folgen müssen. Und ich glaube, so ganz für mich im stillen, daß eine Erneuerung unsres ganzen Lebens, eine neue Zielsetzung und Formung künftig gerade von dem Teil der Jugend ausgehen wird, der sich heute mit einer gewissen Beklommenheit als »romantisch« empfindet und sich seiner Gefühlswelt schämt. [...] jede Sehnsucht nach Beseelung des

Lebens ist ja heute von den herrschenden Mächten verfemt.

(Aus einem Brief vom Dezember 1929 an Lutz Everth)

*

Es ist kein Grund zum Verzweifeln. Wenn Sie dazu geboren sind, ein eigenes und kein Dutzendleben zu führen, so werden Sie den Weg zur eigenen Persönlichkeit und zum eigenen Leben auch finden, obwohl es ein schwerer Weg ist. Wenn Sie nicht dazu bestimmt sind, wenn die Kraft nicht reicht, so werden Sie früher oder später verzichten müssen und werden sich der Moral, dem Geschmack und der Sitte der Allgemeinheit anschließen.

Es ist eine Frage der Kraft. Oder, wie ich lieber denke, eine Frage des Glaubens. Denn man findet oft sehr starke Menschen, die rasch versagen, und findet sehr zarte und schwache, die trotz Krankheit und Schwäche prachtvoll mit dem Leben fertig werden und ihm ihren Stempel auch im Dulden aufzwingen. Wenn Sinclair Kraft (oder Glauben) hat, so kommt Demian zu ihm, er zieht ihn durch seine Kraft zu sich.

Der Glaube, den ich meine, ist nicht leicht in Worte zu bringen. Man könnte ihn etwa so ausdrükken: Ich glaube, daß trotz des offensichtlichen Unsinns das Leben dennoch einen Sinn hat, ich ergebe mich darein, diesen letzten Sinn mit dem Verstand nicht erfassen zu können, bin aber bereit, ihm zu dienen, auch wenn ich mich dabei opfern muß. Die Stimme dieses Sinnes höre ich in mir selbst, in den Augenblicken, wo ich wirklich und ganz lebendig und wach bin. Was in diesen Augenblicken das Leben von mir verlangt, will ich versuchen zu verwirklichen, auch wenn es gegen die üblichen Moden und Gesetze geht. Diesen Glauben kann man nicht befehlen und sich nicht zu ihm zwingen. Man kann ihn nur erleben. So wie der Christ die »Gnade« nicht verdienen, erzwingen oder erlisten, sondern nur gläubig erleben kann. Wer es nicht kann, der sucht seinen Glauben dann bei der Kirche, oder bei der Wissenschaft, oder bei den Patrioten oder Sozialisten, oder irgendwo, wo es fertige Moralen, Programme und Rezepte gibt.

Ob ein Mensch fähig und bestimmt ist, den schweren und schöneren Weg zu gehen, der zu einem eigenen Leben und Sinn führt, das kann ich nicht beurteilen, auch nicht wenn ich ihn mit Augen sehe.

Der Ruf ergeht an Tausende, viele gehen den Weg ein Stück weit, wenige gehen ihn bis über die Grenze der Jugend hinaus, und vielleicht gar niemand geht ihn völlig zu Ende.

(Aus einem Brief vom Januar 1930 an einen jungen Mann, der einen »Führer« sucht)

*

So wie die »Erkenntnis«, also das Erwachen zum Geist, von der Bibel als Sünde dargestellt wird (repräsentiert durch die Schlange im Paradies), so wird das Menschwerden, die Individuation, das Sichdurchkämpfen des Einzelnen aus der Masse heraus zur Persönlichkeit stets von Sitte und Herkommen mit Mißtrauen betrachtet, wie ja auch die Reibung zwischen Jüngling und Familie, zwischen Vater und Sohn etwas Natürliches und Uraltes ist, und doch von jedem Vater von neuem als unerhörte Rebellion empfunden wird. Und so, scheint mir, läßt sich sehr wohl Kain, der verfemte Übeltäter, der erste Mörder, als ein ins Gegenteil entstellter Prometheus, als ein für seinen Vorwitz und seine Kühnheit durch Ächtung bestrafter Vertreter des Geistes und der Freiheit auffassen.

Wie weit eine solche Auffassung von den Theologen geteilt werden kann, oder ob sie etwa von den unbekannten Verfassern der Bücher Mosis verstanden und gebilligt würde, darum kümmere ich mich nicht. Die Mythen der Bibel, wie alle Mythen der Menschheit, sind für uns wertlos, solang wir sie nicht persönlich und für uns und unsere Zeit zu deuten wagen. Dann aber können sie uns sehr wichtig werden.

(Aus einem Brief vom 13.4.1930 an einen Realschüler in Troppau)

*

Sie sollten nicht fragen: »Ist meine Art und Einstellung dem Leben gegenüber die richtige?« – denn darauf gibt es keine Antwort: jede Art ist ebenso richtig wie jede andre Art, jede ist ein Stück Leben. Sie sollten vielmehr fragen: »Da ich nun einmal so bin, wie ich bin, da ich diese Bedürfnisse und Probleme in mir habe, die so vielen andern scheinbar ganz erspart bleiben – was muß ich tun, um dennoch das Leben zu ertragen und womöglich etwas Schönes aus ihm zu machen?« Und die Antwort darauf wird, wenn Sie wirklich auf die innerste Stimme hören, etwa so sein: »Da du nun einmal so bist, solltest du andre wegen ihres Andersseins weder beneiden noch verachten, und sollst nicht nach der ›Richtigkeit‹ deines Wesens fragen, sondern sollst deine Seele und ihre Bedürfnisse ebenso hinnehmen wie deinen Körper, deinen Namen, deine Herkunft etc.: als etwas Gegebenes, Unentrinnbares, wozu man Ja sagen und wofür man einstehen muß, und wenn auch die ganze Welt dagegen wäre.«

Mehr weiß ich nicht. Ich kenne keine Weisheit, die mir das Leben erleichtern würde. Das Leben ist nicht leicht, nie, aber danach, ob es leicht sei oder nicht, haben wir gar nicht zu fragen. Wir können uns nicht ändern. Aber wir sind um so stärker, je mehr wir das Leben anerkennen, je mehr wir im Innersten mit dem einig sind, was uns von außen geschieht.

(Aus einem Brief vom 21.7.1930 an eine Studentin in Duisburg)

*

Gott spielt mit uns, wie der Musiker mit Tönen spielt. Na, wir wollen wenigstens unseren Ton singen, so rein wie möglich, jeder den seinen, und hoffen, es werde für den lieben Gott schon ein Konzert draus werden.

(Aus einem Brief vom Dezember 1930 an Tilly Wassmer)

*

Gewiß gibt es ein »Schicksal«. Es ist aber nicht eine blinde Macht von außen, deren Spielball wir sind, sondern es ist die Summe der Gaben, Schwächen und anderen Erbschaften, die ein Mensch mitgebracht hat. Ziel eines sinnvollen Lebens ist, den Ruf dieser innern Stimmen zu hören und ihm möglichst zu folgen. In der Jugend ist das vielleicht schwerer, weil die Persönlichkeit noch nicht fertig ist, und die Wünsche hin und her schwanken und sich auch auf Ziele richten können, die dem Wesen des Wünschenden ganz fremd sind. Der Weg wäre also: sich selbst erkennen, aber nicht über sich richten und sich ändern wollen, sondern sein Leben möglichst der Gestalt anzunähern, die als Ahnung in uns vorgezeichnet ist. So haben es alle großen Dichter gemeint, namentlich Novalis, wenn er sagte »Schicksal und Gemüt sind Namen eines Begriffs«.

(Am 5.8.1931 an einen unbekannten Adressaten)

*

Sie sind ein junger Mensch und fragen sich nach Ihren Pflichten und ob Sie das Recht hätten, sich um sich selber zu kümmern, statt um das Gemeinwohl und Vaterland.

Ich kann Ihnen diese Frage, im Gegensatz zu allen heutigen Tendenzen, genau beantworten:

Ihre Pflicht ist, ein Mensch zu werden, ein so brauchbarer, guter, seiner Fähigkeiten sicherer Mensch wie nur möglich. Ihre Pflicht ist, eine Persönlichkeit und ein Charakter zu werden, nichts anderes. Wenn Sie das so weit geworden sind, als es Ihnen eben möglich und bestimmt ist, dann kommen die Aufgaben, an denen Sie sich bewähren können, ganz von selber zu Ihnen. In Deutschland ist es heute Sitte, daß Knaben, die noch kaum Menschen sind und kaum lesen können, irgendeine Jacke oder Mütze anziehen, sich für Mitglieder einer Partei erklären und drauflos sich am öffentlichen Leben beteiligen. Sie schreien und bringen ihr Vaterland herunter, sie machen sich und ihr Volk zum lauten Gespött der ganzen Welt, jeder einzelne von ihnen ist ein Staatsverbrecher, denn er hat seine Pflicht, etwas zu werden, etwas zu lernen, ein Kerl und Mann zu werden und selbständig denken zu lernen, versäumt und verraten, und läuft vorzeitig und vorlaut Aufgaben nach, die ihn gar nichts angehen.

Das Deutschland von 1950 wird von den paar Männern gelenkt werden, die heut noch Jünglinge sind, die diesen Schwindel nicht mitmachen, sondern sich im stillen zu Persönlichkeiten entwickeln.

(1932 an einen Jüngling)

*

Jeder, der seinen Weg geht, ist ein Held. Jeder, der das wirklich tut und lebt, wozu er fähig ist, ist ein Held – und selbst wenn er dabei das Dumme oder Rückständige tut, ist er viel mehr als tausend andere, die von ihren schönen Idealen bloß reden, ohne sich ihnen zu opfern.

Dies gehört zu den Verwicklungen beim Betrachten der Welt: daß die schönen Gedanken, Ideale und Meinungen gar nicht immer auch in Händen der Edelsten und Besten sind. Es kann ein Mensch für veraltete, überholte Götter aufs edelste kämpfen und sterben, er macht dann vielleicht den Eindruck eines Don Quichote, aber Don Quichote ist ja durch und durch Held, ist durch und durch adlig. Umgekehrt kann ein Mensch sehr klug, belesen, redegeschickt sein, und schöne Bücher schreiben oder Reden halten, mit den bestechendsten Gedanken und Ideen, und kann doch bloß ein Schwätzer sein, der bei der ersten ernsten Forderung nach Opfer und Verwirklichung davonläuft.

Darum gibt es auf der Welt viele Rollen, und es ist sehr wohl möglich, ja einzig schön und richtig, daß hochstehende Gegner einander viel höher achten und mehr lieben, als ihre eigenen Parteigenossen.

(Aus einem Brief vom 8.4.1932 an Joachim Bartuzat)

*

Sagen Sie Ja zu sich, zu Ihrer Absonderung, Ihren Gefühlen, Ihrem Schicksal! Es gibt keinen andern Weg. Wohin er führt, weiß ich nicht, aber er führt ins Leben, in die Wirklichkeit, ins Brennende und Notwendige. Sie können ihn unerträglich finden und sich das Leben nehmen, das steht jedem offen, der Gedanke daran tut oft wohl, auch mir. Aber ihm entgehen, durch Entschluß, durch Verrat am eigenen Schicksal und Sinn, durch Anschluß an die »Normalen«, das können Sie nicht. Es würde nicht lang gelingen und größere Verzweiflung bringen als die jetzige. […]

Ich denke an manchen Tagen, es sei alles vergeblich und töricht gewesen, was ich angestrebt und woran ich geglaubt habe. An andern Tagen empfinde ich mich und mein Leben, so schwierig es ist, als vollkommen gerechtfertigt, ja geglückt, und bin damit sehr zufrieden – für Stunden. Und immer wenn ich meinen Glauben wieder einmal auf eine gute Formel gebracht zu haben glaube und ausgesprochen habe, wird er mir bald zweifelhaft und töricht, und ich muß nach neuen Bewährungen und neuen Formen suchen. Bald ist das Qual und Not, bald Seligkeit.

(Aus einem Brief vom Oktober 1932 an einen jungen Problematiker)

*

Die Worte und Begriffe des Sozialen und der Gemeinschaft sind heute Heiligtümer geworden, eben weil jeder Einzelne sich verirrt und verloren fühlt, und ich glaube, man wird später, wenn von unsrer Zeit die Rede ist, bei ihr eine Neigung zur religiösen Überschätzung der Gemeinschaft und eine richtige »Flucht« aus den persönlichen Aufgaben in die sozialen feststellen. Diese Ansicht, daß alles was die Gemeinschaft betreffe, an sich und unbedingt besser und heiliger sei als das, was Sache des Einzelnen ist, kann ich nicht teilen. Die Anlage und Pflicht zur Sozialität ist eine von unsern Anlagen und Pflichten, eine wichtige, aber nicht die einzige und nicht die höchste, denn »höchste« Pflichten gibt es überhaupt nicht. Der fromme, auf Gott bezogene Mensch früherer Kulturen ist ganz von selber sozial von hohem

Wert gewesen, obwohl er alle Sorgfalt nur auf sein persönliches Verhältnis zu Gott wendete. Und so ist es immer gewesen, bei den alten Chinesen schon und zu allen Zeiten: der tugendhafte, wertvolle, wünschenswerte, zur Vollkommenheit geeignete Mensch war immer der, der sich in direkter Beziehung zu Gott weiß, ganz einerlei, ob er General war oder Eremit, und wenn er an seinem Ort das tat, wozu der Mensch da ist: sich selber zu dem höchstmöglichen Grad von Wert reifen, dann war er ganz von selber auch im Wirken auf andre, auf Gemeinschaft und Staat wertvoll und wichtig.

(Aus einem Brief vom Dezember 1932 an H. Bräuer)

*

Ernst nehme ich nur den Menschen als Einzelnen, als Persönlichkeit, und wie es scheint, ist der Weg dazu heute noch schwerer, als er schon zur Zeit meiner Jugend war. Im übrigen aber hat er seinen Sinn und auch sein Gesicht wohl doch nicht verändert, denn die eigentlich menschlichen Schicksale ändern sich kaum in Jahrhunderten.

Geändert haben sich nur die Verlockungen, die heute den jungen Menschen dazu bringen wollen, den schweren Weg zum eigenen Selbst schon früh aufzugeben und sich dafür einer Gemeinschaft, einem scheinbar hohen und edlen Ziel hinzugeben. Wie ich sehe, sind bei Ihnen diese Verlockungen nicht in der groben Gestalt politischer Programme und Scheinideale erschienen, dazu sind Sie schon zu sehr Person geworden. Aber Sie neigen dazu, sich den kleineren, mehr idealistischen Gemeinschaften hinzugeben: den Vegetariern, Siedlern, Lebensreformern usw. Ganz einerlei, ob die Ideale dieser Gemeinschaften an sich edel und gut sind oder nicht, sie bedeuten doch für junge Menschen Ihrer Art eine Gefahr: nämlich auch diese kleineren und idealeren Gemeinschaften wollen Sie vor der Zeit formen und abstempeln, erziehen und einreihen, und dieser Gefahr sollen Sie auch gar nicht davonlaufen und allein bleiben, aber Sie sollen je und je daran denken, daß Ihr voller Menschenwert erst dann erreicht ist und wirksam werden kann, wenn Sie sich wirklich soweit zu einer Persönlichkeit, einem Charakter entwickelt haben, als Ihnen möglich ist. Sie sollen also die Ideale und Ziele solcher Gemeinschaften und ihrer Führer niemals gleich ernst nehmen wie Ihr eigenes Werden. Sie werden zwar, wenn Sie etwas taugen, Ihre Person später gewiß hohen und menschlichen Zielen unterordnen, aber erst wenn Sie den

Ihnen möglichen Grad von Menschwerdung erreicht haben.

(Aus einem Brief etwa 1933 an A. H.)

*

Natürlich gibt es sehr viele Menschen, denen das Leben leichter fällt und die scheinbar oder wirklich »glücklicher« sind; es sind die nicht stark Individualisierten, die keine Probleme kennen. Sich mit ihnen zu vergleichen hat für uns andre keinen Sinn; wir müssen unser eigenes Leben leben, und das bedeutet etwas Neues und Eigenes, immer Schwieriges und auch immer Schönes für jeden Einzelnen. Es gibt keine Norm für das Leben, es stellt jedem eine andre, einmalige Aufgabe, und so gibt es auch nicht eine angeborene und vorbestimmte Untauglichkeit zum Leben, sondern es kann der Schwächste und Ärmste an seiner Stelle ein würdiges und echtes Leben führen, und andern etwas sein, einfach dadurch, daß er seinen nicht selbstgewählten Platz im Leben und seine besondere Aufgabe annimmt und zu verwirklichen sucht. Das ist echtes Menschentum und strahlt immer etwas Edles und Heilendes aus, auch wenn der Träger dieser Aufgabe in den Augen aller ein armer Teufel ist, mit dem man nicht tauschen möchte.

Geben Sie sich nicht abschätzigen Selbstprüfungen und Selbstkritiken hin. Man kann eine einzelne Handlung, die man bereut, wohl kritisch und verurteilend betrachten, das ist nur recht; aber man soll nicht sich selber, so wie man in die Welt gestellt worden ist, abschätzig beurteilen, sondern erst einmal das, was man von Gott mitbekommen hat an Gaben und an Mängeln annehmen, Ja dazu sagen, und versuchen, das Beste daraus zu machen. Gott hat mit jedem von uns etwas gemeint, etwas versucht, und wir sind seine Gegner, wenn wir das nicht annehmen und ihm helfen, es zu verwirklichen.

(Aus einem Brief etwa 1941 an Leopold Marx)

*

Die jungen Leute finden in meinen Schriften eine Stärkung des Individuellen, während die Lehrer gerade das Gegenteil anstreben, möglichste Normalität und Uniformierung der jungen Seelen, was ganz in Ordnung und begreiflich ist. Daß beide Funktionen, meine zum Individualismus verführende und die normalisierende der Schule, notwendig sind und einander ergänzen müssen, daß sie zusammengehören wie Ein- und Ausatmen und wie alle bipolaren Vorgänge, dies einzusehen und sich mit dem Gegner in

Liebe eins zu wissen, auch wo man ihm Widerstand leisten muß, dazu gehört ein wenig Weisheit und ein wenig Ehrfurcht und Frömmigkeit, und das sind Eigenschaften, die man heute beim Lehrer so wenig voraussetzen darf wie bei anderen Leuten. Die Welt ist, vielleicht noch auf lange Zeit, in den Händen der grands simplificateurs, und eine Erholung davon wird vermutlich erst nach einer Katastrophe möglich sein, von der wir seit 1914 erst die Anfänge gesehen haben.

(Aus einem Brief vom 24.6.1948 an Ernst Kappeler)

*

Ich bin mit den Jahren und Jahrzehnten immer mehr ein Liebhaber des Individuellen und Differenzierten geworden, entgegen allen Tendenzen unsrer Zeit. Und möglicherweise bin ich damit nicht nur ein wunderlicher Eigenbrötler, sondern habe objektiv recht. Zum mindesten kann ich feststellen, daß mir das Betreuen einer kleinen Zahl von Menschen, die ich zwar nicht alle persönlich kenne, deren jeder aber mir etwas bedeutet, deren jeder seinen eigenen, einmaligen Wert und sein besonderes Schicksal hat, viel mehr Freude macht und mir im Herzen richtiger und notwendiger scheint als die Fürsorge und Wohltätigkeit, die ich einst als Rad einer großen Fürsorge-

Maschinerie mitbetreiben half. Auch heute stellt jeder Tag an mich die Forderung, mich der Welt anzupassen und, wie die meisten es tun, mich all der aktuellen Aufgaben mit Hilfe von Routine und Mechanisierung zu entledigen, mit Hilfe eines Apparats, einer Sekretärin, einer Methode. Vielleicht sollte ich die Zähne zusammenbeißen und es noch auf meine alten Tage erlernen? Aber nein, es wäre mir nicht geheuer dabei, und alle jene vielen, deren Not ihre Wellen bis auf meinen überhäuften Schreibtisch spült, wenden sich ja an einen Menschen, nicht an einen Apparat. Bleibe jeder bei dem, was sich ihm bewährt hat!

(Aus einer »Notiz vom Sommer 1949«)

*

Es scheint wirklich dem Menschen nur die eine Hoffnung gegeben, zwar nicht die Welt und die anderen, aber wenigstens sich selber einigermaßen ändern und bessern zu können, und auf denen, die das tun, beruht im geheimen das Heil der Welt.

(Aus einem Brief vom Februar 1950 an Salome Wilhelm)

*

Die wirklichen Persönlichkeiten haben es auf Erden schwerer, aber auch schöner, sie genießen nicht den Schutz der Herde, aber die Freuden der eigenen Phantasie, und müssen, wenn sie die Jugendjahre überstehen, eine sehr große Verantwortung tragen.

(Aus einem Brief vom Januar 1951 an Erwin Mittelmaier)

*

Es scheint nun einmal so zu sein, daß die Völker überhaupt nichts »lernen«, weder aus verlorenen noch aus gewonnenen Kriegen, von allen Tätigkeiten scheint gerade das Lernen die, wozu sie am schwersten zu bringen sind. Was alles hätten die Sieger, was alles die Besiegten aus den Kriegen 1870, 1914 und 1939 lernen können! Aber dieses Lernen wird, so scheint es, jeweils weder von den Völkern noch von deren führender Oberschicht geleistet, sondern immer nur von einer dünnen und machtlosen Schicht von Geistigen. Diese kleine und einflußlose Schicht produziert zwar Erkenntnisse, sie stellt Wahrheiten fest, welche aber immer erst in einer zu Schlagwörtern verzerrten Form und um eine Generation zu spät den Weg in die Menge finden. Es folgt daraus, so scheint es, daß Verzweiflung die eigentliche und legitime Haltung der Erkennenden sein müsse, so wie Drauflosleben und Blindbleiben die der Völker. Dennoch scheint es aber hinter oder über dem Tatsächlichen und Manifesten eine echtere, haltbarere und sinnvollere Wirklichkeit zu geben, zu der unsre Philosophien und Religionen den geahnten Zugang suchen, und um deren wegen es sich dennoch lohnt zu leben.

(Aus einem Brief vom Juli 1952 an Helmut Klausing)

*

Es gibt für jeden keinen andern Weg der Entfaltung und Erfüllung als den der möglichst vollkommenen Darstellung des eigenen Wesens. »Sei Du Selbst« ist das ideale Gesetz, zumindest für den jungen Menschen, es gibt keinen andern Weg zur Wahrheit und zur Entwicklung.

Daß dieser Weg durch viele moralische und andre Hindernisse erschwert wird, daß die Welt uns lieber angepaßt und schwach sieht als eigensinnig, daraus entsteht für jeden mehr als durchschnittlich individualisierten Menschen der Lebenskampf. Da muß jeder für sich allein, nach seinen eigenen Kräften und Bedürfnissen, entscheiden, wieweit er sich der Konvention unterwerfen oder ihr trotzen will. Wo er die

Konvention, die Forderungen von Familie, Staat, Gemeinschaft in den Wind schlägt, muß er es tun mit dem Wissen darum, daß es auf seine eigene Gefahr geschieht. Wieviel Gefahr einer auf sich zu nehmen fähig ist, dafür gibt es keinen objektiven Maßstab. Man muß jedes Zuviel, jedes Überschreiten des eigenen Maßes büßen, man darf ungestraft weder im Eigensinn noch im Anpassen zu weit gehen.

(Aus einem Brief vom 10.2.1956 an Madeleine Anker)

*

Das Geheimnis Ihrer Persönlichkeit können nur Sie selbst finden. Auf keinen Fall werden Sie ein Massenmensch werden, schon Ihr jetziges Suchen zeigt, daß Sie zu den über Durchschnitt Individualisierten gehören. Aber mir scheint, Sie suchen zu gewaltsam. Das kann man ein Leben lang tun, ohne zu finden. Suchen und Finden sind zweierlei, und dem Finden ist ein zu anstrengendes Suchen nicht günstig, im Gegenteil.

Mein Leben ist schwer gewesen, nicht aber mein Suchen. Aufgrund meiner ganzen Veranlagung wußte ich schon früh, daß ich Künstler werden wollte und müsse. Der Weg dahin freilich bestand aus lauter Hindernissen und Dornen. Der Weg vom Suchen zum Finden ist nicht gerade, und Wille und Vernunft genügen nicht, um ihn zu gehen. Man muß horchen, lauschen, warten, träumen können, Ahnungen offenstehen. Mehr weiß ich nicht.

(Aus einem Brief von 1959 an Günther Hermann)

*

Heute liegt die politische Vernunft nicht mehr dort, wo die politische Macht liegt, und es muß ein Zustrom von Intelligenz und Intuition aus nicht offiziellen Kreisen stattfinden, wenn Katastrophen verhütet oder gemildert werden sollen. [...] Wir müssen ja daran glauben, daß das Gerassel und Gebrüll der Diktatoren und Kriegstechniker auf die Dauer der leiseren Stimme der Vernunft nicht standhalten kann. Wenn ich sage »wir müssen«, so meine ich das nicht als moralischen, sondern direkt als biologischen Imperativ.

(Aus einem Brief vom Februar 1960 an W. W. Schütz)

*

Verzichten Sie darauf, sich an den unlösbaren Fragen müde zu grübeln. Unlösbar sind die Fragen nach dem Wesen Gottes oder des Weltgeistes, nach Sinn und Lenkung des Universums, nach der Entstehung der

Welt und des Lebens. Das Denken und Debattieren darüber kann ein schönes und interessantes Spiel sein, zur Lösung unsrer Lebensprobleme führt es nicht.

Sie sind in die Welt gestellt, ohne zu wissen warum. [...] Ihr Leben und Ihre Gaben, die der Sinne und die des Geistes, zur Reife und möglichsten Vollendung zu bringen, darin liegt der Sinn Ihres Lebens, und je besser Ihnen das gelingt, desto glücklicher werden Sie sein. Daß die Mehrzahl der Menschen weniger differenziert und begabt ist [...], daß die meisten gar kein eigenes Leben und Denken haben, sondern stets als Masse leben und handeln, haben Sie ja schon selbst erkannt. Wir können das nicht ändern, es wird immer so sein – im Gegenteil, je rascher sich die Menschheit vermehrt und je mehr technische Mittel sie besitzt, desto mehr wird sie verflacht und zum gleichförmigen Kollektiv werden. Für die Menschheit als Masse besteht die Aufgabe des Lebens nur in der möglichst reibungslosen Eingliederung und Anpassung, im Herabschrauben der persönlichen Verantwortlichkeit auf ein Minimum.

Wir anderen, die stets kleine Zahl der zu einem persönlichen, individuellen Leben Befähigten und Berufenen, haben vor der Masse die zarteren Sinne und die größere Denkfähigkeit voraus, und diese Gaben können uns sehr viel Glück verschaffen. Wir sehen, hören, fühlen, denken genauer, empfänglicher, reicher an Nuancen, aber wir sind auch einsam und gefährdet, wir müssen auf das Glück der verantwortungslosen Masse verzichten. Jeder von uns muß über sich selbst, über seine Gaben, Möglichkeiten und Eigenheiten Klarheit suchen und sein Leben in den Dienst der Vervollkommnung, der Selbstwerdung stellen. Wenn wir das tun, dann dienen wir auch zugleich der Menschheit, denn alle Werte der Kultur (Religion, Kunst, Dichtung, Philosophie etc.) entstehen auf diesem Weg. Auf ihm wird der oft verlästerte »Individualismus« zum Dienst an der Gemeinschaft und verliert das Odium des Egoismus.

(Aus einem Brief vom Juli 1961 an Kensro Takahashi)

*

Auf dem Weg vom Jünglings- zum Mannesalter sind die beiden Hauptstufen: das Innewerden und Bewußtmachen des eigenen Ich und dann die Einordnung dieses Ich in die Gemeinschaft. Je einfacher und problemloser ein Jüngling ist, desto weniger Beschwerden werden beide Aufgaben ihm bereiten. Die stärker differenzierten und begabten Naturen haben es schwerer, am schwersten die, denen nicht ein Spezialtalent von selber den Weg zeigt. Jedes Leben aber ist ein Wagnis, und das Gleichgewicht zwischen den persönlichen Gaben und Trieben und den sozialen Forderungen muß immer neu gefunden werden; es geht nie ohne Opfer, nie ohne Fehler. Und auch wir Alten, scheinbar Arrivierten und Gefestigten, stehen nicht über den Zweifeln und Fehlern, sondern mittendrin.

(Aus einem Brief vom 19.8.1961 an Wolfgang Larese)

NACHWORT

»Eigensinn macht Spaß.« Dieser Wink stammt aus einer der vielen tausend Antworten des Dichters auf Briefe von Lesern, die ihn um Rat in ihren eigenen Lebensproblemen fragten. Und wie ein Leitmotiv durchzieht denn auch der Eigensinn sein Leben und Werk. Denn Eigensinn ist das Gegenteil von Anpassung: Er kann als mutwillige Aufsässigkeit, als trotziger Starrsinn oder als störrische Rechthaberei auftreten; und in diesem Sinne, also zumeist negativ, wird dieser Begriff in der Regel ja auch gebraucht. Eigensinn kann aber auch in der ursprünglichen Bedeutung des Wortes vorkommen, der Hesse wieder zu ihrem Recht verhelfen wollte: als Mut zur Eigenständigkeit, als abenteuerliche Expedition zu uns selbst, als Erforschung und Entfaltung unserer persönlichen Anlagen, wenn es sein muss im Widerstand gegen den Konformitätsdruck von außen, um das bewahren und realisieren zu können, was uns ausmacht: das in jedem Menschen unterschiedliche und ganz unverwechselbare Potential, welches die Biologen als den genetischen Code bezeichnen. Denn einen Menschen wie jeden von uns hat es vorher noch nie gegeben und wird es auch nicht mehr geben. Die

Natur kennt keine Kopien. Jeder von uns ist ein Original. Als Originale kommen wir zur Welt. Dass danach die meisten als Kopien des jeweiligen Zeitgeistes enden, war eigentlich nicht vorgesehen.

Mitten im Ersten Weltkrieg, der 17 Millionen Menschen das Leben kostete, schrieb Hesse in seiner Erzählung »Demian«: »Was das ist, ein wirklich lebender Mensch, das weiß man heute weniger als jemals, und man schießt denn auch die Menschen, deren jeder ein kostbarer, einmaliger Versuch der Natur ist, zu Mengen tot. […] Jeder Mensch aber ist ja nicht nur er selber, er ist auch der einmalige, ganz besondere, in jedem Fall wichtige und merkwürdige Punkt, wo die Erscheinungen der Welt sich kreuzen, nur einmal so und nie wieder. Darum ist jedes Menschen Geschichte wichtig, ewig, göttlich, darum ist jeder Mensch, solange er irgend lebt und den Willen der Natur erfüllt, wunderbar und jeder Aufmerksamkeit würdig. In jedem ist der Geist Gestalt geworden, in jedem leidet die Kreatur, in jedem wird ein Erlöser gekreuzigt.«

Nie hätten Hesses Vorfahren und Eltern, die ja protestantische Theologen waren und die es als Missionare bis nach Indien getrieben hat, wo auch die Mutter des Dichters geboren ist, nie hätten sie solch einen Vergleich toleriert. Nie hätten sie das ebenso eigenständige wie kosmopolitische Welt- und Menschenbild akzeptieren können, zu dem Hesse im Widerstand gegen die allein selig machende Enge eines damals noch ganz obrigkeitshörigen Kirchen-Christentums vorgedrungen ist.

Die Reibung mit dieser Herkunft steht denn auch am Anfang seiner Entwicklung. Schon ab seinem 13. Lebensjahr wusste Hesse, dass er »entweder ein Dichter oder gar nichts werden wollte«. Die Eltern aber hatten ganz andere Pläne mit ihrem Sprössling, nachdem er mit gutem Ergebnis das Württembergische Landexamen bestanden und somit die Berechtigung zu einem kostenlosen Studium der Theologie erworben hatte. Was lag da näher, als dass auch er die Familientradition fortsetzen und wenn schon nicht Pastor werden, so doch wenigstens den damals größten deutschen Missionsverlag weiterführen sollte, den der Großvater und nach ihm seine Eltern geleitet hatten?

Mit der Flucht aus dem theologischen Seminar widersetzte sich der 14-Jährige diesen Plänen, wurde daraufhin in ein Sanatorium geschickt, wo ihm der Teufel seines Eigensinns ausgetrieben werden sollte. Vergeblich. Nach einem missglückten Versuch, sich das Leben zu nehmen, landete er bald darauf in einer Heilanstalt für Schwachsinnige und Epileptische. »Leb wohl du altes Elternhaus / Ihr werft mit Schande mich hinaus«, reimt er damals. »Zum Teufel geht die Freiheit auch, / Sie war ja immer höchstens Rauch [...] / Ich werd ins Irrenhaus geschickt, / wer weiß, ich bin wohl gar verrückt!«

Wir kennen die weiteren Stationen des dornenreichen Hindernislaufes, den es zu absolvieren galt, bis Hesse endlich als Buchhändlerlehrling im Alter von 21 Jahren auf eigene Kosten sein erstes Gedichtbuch »Romantische Lieder« veröffentlichen konnte. Bedeutsam sind diese dramatischen Anfänge nur, weil sie die Emanzipationstendenz in Hesses Büchern erklären und etwas von der Unterdrückung zeigen, die seine künftige Sympathie mit den Opfern jeder Bevormundung verständlich machen. Sein lebenslanger Widerstand gegen die Vergewaltigung individueller Eigenart, sei sie nun religiös oder politisch, der sein Werk durchzieht, die Bestärkung der Leser in dem, was sie von den Normen trennt, erklärt sich daraus, aber auch seine Neugier auf alle Kulturen mit größerer Toleranz und mehr Respekt vor der Vielfalt der Lebensformen, wie z. B. diejenigen Asiens.

In seinem 1903 entstandenen Roman »Unterm

Rad« rechnet er ab mit dem autoritären Schulsystem seiner Zeit: der vormilitärischen Anpassungs- und Wettbewerbsdressur, bei der ein sensibler und begabter Schüler in den Selbstmord getrieben wird. Dieses Buch ist heute in Japan sein populärstes. Warum? Weil in Japan, wo die Kinder schon vom Vorschulalter an uniformiert und bis ins Berufsleben hinein einem unmenschlichen Selektionsdruck ausgeliefert werden, die Schülerselbstmordrate am höchsten in der Welt ist. Eine vergleichbare Wertschätzung erfährt er auch in Korea, wo er inzwischen so viel gelesen wird, dass allzu geschäftstüchtige Verleger unter seinem Namen Bücher veröffentlichten, die gar nicht von ihm stammen.

Bei Hesse finden junge Menschen Verständnis für ihre Konflikte, weil er sie aus ganz ähnlichen Erfahrungen heraus bestärkt und ihnen Mut und Selbstvertrauen zu einem eigenen, nichtkonformistischen Weg gibt. Wie seine Bücher wirken, hat uns der Schweizer Schriftsteller und Literaturwissenschaftler Adolf Muschg in einer charakteristischen Episode überliefert. Während einer Gastdozentur unterwegs in den USA, musste Muschg seinen Leihwagen auftanken. Den Tankwart fand er in ein Buch vertieft, in die amerikanische Ausgabe von Hermann Hesse.

Auf die Frage, warum gerade von diesem Autor, bekam er zur Antwort: »Because Hesse likes me.« Auch ein Teil der beispiellosen Wirkungsgeschichte von Hesses Büchern wird durch diese Empathie erklärlich. Nicht ohne Grund hat dieser Autor immer nach Kriegen, in Zeiten des Wertezerfalls und der Neuorientierung Renaissancen erlebt. Das mag mit den vielen lebensbedrohlichen Krisen zusammenhängen, die sein übersensibles Naturell anzog wie ein Blitzableiter die Elektrizität, und die er nur, wenn er sie ausdrückte, meistern und ihnen ein positives Ende abgewinnen konnte. So sind seine Bücher zunächst eine Art Autotherapie, Selbstheilungsversuche von den Zumutungen des Lebens und der Zeitgeschichte, Kontrastprogramme, deren befreiende Energien sich auch auf die Leser übertragen, zumal Hesse dabei auch gegen sich selbst unnachsichtig vorgeht und falsche Harmonisierungen meidet. Stattdessen gelingt es ihm, die wirklichen Kraftquellen ausfindig zu machen und mit geradezu sinnlicher Anschaulichkeit zu schildern. Sei es nun in einprägsamen Beobachtungen der Natur oder in Würdigungen der regenerierenden Kräfte aus dem unerschöpflichen Reservoir der Kulturen aller Zeiten, obenan der Musik, der Malerei und Dichtung.

Der Leidensdruck, aus dem nicht wenige seiner Dichtungen entstanden sind, befähigte ihn, das Schwierige einfach zu sagen und das Komplizierte verständlich darzustellen. Und weil die Entwicklung des Eigensinns, der individuellen Anlagen, der Selbstfindung, Selbstbehauptung und Selbstverwirklichung in der Jugend die größte Rolle spielt, ist es kein Wunder, dass mehr als die Hälfte seiner Leser der Altersgruppe zwischen 14 und 35 Jahren angehört, gefolgt von Lesern im Rentenalter, während die Generation der Berufstätigen, also das sogenannte Establishment, nicht annähernd so sehr ins Gewicht fällt. Denn offenbar stört dieser Autor beim Geldverdienen. Es ist schon ein merkwürdiges Phänomen: Solang wir noch jung und voller Ideale sind, lesen wir diesen Dichter, während viele nichts mehr mit ihm anfangen können, sobald sie berufstätig sind, sobald Ideale zu Karrierekillern werden können – um dann aber merkwürdigerweise wieder als Rentner, wenn sie ihre Wettbewerbs-Mimikry hinter sich haben, erneut zu Autoren wie Hesse und den guten Vorsätzen ihrer Jugend zurückzufinden. Wer eigensinnig ist und sich der Gruppendynamik widersetzt, wer sich weigert, fragwürdige Verhaltensweisen mitzumachen, der wird schnell zum Außenseiter. Und unfreiwillige Outsider sind sie ja fast alle, die Sympathieträger in Hermann Hesses Erzählungen und Romanen. Das Erlebnis, darin Erfahrungen, Regungen und Antriebe ausgesprochen, bestätigt, legitimiert und ermutigt zu finden, die man sich oft kaum einzugestehen wagt, weil sie uns in Konflikt bringen mit den Erwartungen unserer an schnellstmöglicher Rentabilität orientierten Gesellschaft, hat etwas Befreiendes. »Wir müssen nicht hinten beginnen«, heißt es nach dem Ersten Weltkrieg in seinem Aufruf »Zarathustras Wiederkehr«, »bei den Regierungen und politischen Methoden, sondern wir müssen vorn anfangen, beim Bau der Persönlichkeit, wenn wir wieder Geister und Männer haben wollen, die uns Zukunft verbürgen.«

Damals war er so ernüchtert von der Unbelehrbarkeit der Machthaber, dass er im Januar 1919 schrieb: »Staat ist Staat und Politik ist Politik und beide taugen nichts und sind beschissene Einrichtungen. [...] Sie sind da, um uns und den Geist zu knebeln, damit er es nicht zu leicht habe. Ob als Oberhanswurst ein Kaiser an der Spitze reitet oder sonst jemand, ändert wenig daran.« Nach Hesses Erfahrung ist der ärgste Feind und Verderber der Menschen der aus Denkfaulheit und Ruhebedürfnis kommende Drang nach dem Kollektiv, nach Gemeinschaften mit absolut fester Dogmatik, sei diese konfessionell oder politisch. Denn sie hindern uns daran, auf eigenen Beinen zu gehen, statt auf Schienen. Deren Richtung aber ist bei jedem Menschen anders, weil jeder von uns über eine andere Mitgift von Talenten oder, naturwissenschaftlich gesagt, über einen anderen, unterschiedlichen Cocktail von Chromosomen, von Begabungen und Möglichkeiten verfügt. Und dieses Potential zu entdecken und auszuschöpfen, hält Hesse für unsere Chance und Aufgabe. Wirklichen Fortschritt gibt es für ihn immer nur da, »wo der Mensch das tut, wozu er da ist, was seine Art von ihm fordert, was er darum gut und gerne tut«. Deshalb weigert er sich auch, Rezepte und Richtlinien zu geben. Denn jeder Fall liegt anders. – Allenfalls gibt er Hilfen zur Selbsthilfe. Vor Führern und Leithammeln wird immer wieder gewarnt, auch wenn er sich selber in diese Rolle gedrängt fühlt. So zum Beispiel im Oktober 1928, wo er erwidert: »Gerade das, was sie bei mir suchen und von mir wollen, kann ich nicht geben. Ich bin kein Führer und will und darf keiner sein. Ich habe durch meine Schriften zuweilen jungen Lesern dazu gedient, bis dahin zu kommen, wo das Chaos beginnt, das heißt, wo sie allein und ohne helfende Konventionen dem Rätsel des Lebens gegenüberstehen. Für die meisten ist schon das eine Gefahr, und sie kehren denn auch wieder um und suchen neue Anschlüsse und Bindungen.« Nicht fremde Autoritäten, sondern einzig wir selber können unsere Probleme lösen. »Das Leben«, so schreibt er, »stellt jedem eine andere einmalige Aufgabe, und so gibt es auch nicht eine angeborene und vorbestimmte Tauglichkeit zum Leben, sondern es kann der Schwächste und Ärmste an seiner Stelle ein würdiges und echtes Leben führen und anderen etwas sein, einfach dadurch, daß er seinen Platz im Leben und seine besondere Aufgabe annimmt und zu verwirklichen sucht. Das ist echtes Menschentum und strahlt immer etwas Edles und Heilendes aus, auch wenn der Träger dieser Aufgabe in den Augen aller ein armer Teufel ist, mit dem man nicht tauschen möchte.« Solche armen Teufel hat Hesse in seinen Büchern mit Vorliebe gezeichnet.

Hesse ist kein Artist. Seine Schriften kommen nicht aus einem Mutwillen, sondern aus dem Leiden am Gefälle zwischen den Zumutungen der Zeitgeschichte und dem des persönlichen Gewissens. Seine Dichtungen sind Krisenbewältigung. Und das so genau, so radikal und schonungslos, dass Menschen der unterschiedlichsten Kulturen sich darin wiedererkennen. Doch bieten sie dem Leser mehr als die Misere: Sie bieten auch den jedes Mal anderen, spannenden Vorgang, wie sie überwunden werden kann. »Sobald das Leid groß genug ist, geht es vorwärts«, heißt es in der »Morgenlandfahrt«. Und in einem seiner Briefe: »Nehmen Sie Ihr Leid als eine Auszeichnung, als einen Orden, mit dem Sie hervorgehoben werden, als eine Erweckung zu höherem Menschentum.« Hesse zeigt uns den Sinn unserer Krisen, die für ihn keine Krankheiten sind, sondern Anlässe zu innerem Wachstum, zur Weiterentwicklung, oder Alarmsignale wie der Schmerz, der ja auch nicht nur ein Krankheitssymptom ist, sondern zugleich ein Warnruf, um auf bedrohtes Leben hinzuweisen. Das macht ihn zu einem der ganz wenigen Autoren, die uns ermuntern, den neuen Tag mit Zuversicht und Neugier zu beginnen, freilich nach der Devise: »Damit das Mögliche entsteht, muß immer wieder das Unmögliche versucht werden.« Und stets weisen Hesses Darstellungen über das nur Literarische hinaus in die unterschiedlichsten Lebensbereiche hinein. Deshalb werden seine Bücher heute mehr von Psychologen, Pädagogen, Musik- und Religionswissenschaftlern und Ökologen diskutiert als von Literaturwissenschaftlern.

Für ihn waren Ethik und Ästhetik noch keine Gegensätze. Es gibt wenige Dichter, die auch den Turbulenzen der Politik auf vergleichbar integre Weise widerstanden haben, besonders den Verlockungen ideologischer Patentrezepte. »Habt ihr denn nie gemerkt«, schreibt er 1933, »daß ich Programme und fertig formulierte Gesinnungen nur darum ablehne, weil sie den Menschen so unendlich verarmen und verdummen? [...] Das Gleichschalten, und sei es auch noch so wohl gemeint, geht wider die Natur, es führt zu Fanatismus und Krieg. [...] Jeder Mensch ist etwas Persönliches und Einmaliges, und an Stelle des persönlichen Gewissens ein kollektives setzen zu wollen, das heißt schon Vergewaltigung und ist der erste Schritt zu allem Totalitären.«

Hesses humanitärer Einsatz für die Opfer solcher Politik – im Ersten Weltkrieg durch die Gründung einer Zentrale für Kriegsgefangenenfürsorge zur Unterstützung Hunderttausender von Internierten und später seine lebenslange Hilfsbereitschaft für politisch Verfolgte und bedürftige Kollegen, denen er die Einkünfte aus seiner Aquarellmalerei zur Verfügung stellte – ist einzigartig. Auch sein Einsatz für die Werke seiner Kollegen in annähernd dreitausend Lektüreempfehlungen und sein riesiges Briefwerk machen ihn neben Stefan Zweig und Thomas Mann zu einer singulären Figur unter den Autoren seiner Generation. Thomas Mann hat ihn denn auch als den ihm »nächsten und liebsten« seiner Schriftstellerkollegen bezeichnet. Hermann Hesse zählt zu den wenigen Autoren, die gelebt haben, was sie als Dichter vertraten. Er balancierte nicht über den Dingen, sondern ist verletzbar geblieben bis an sein Lebensende. Dennoch ist er, trotz aller scheinbaren Aussichtslosigkeit im Kampf gegen die Trägheit und Engherzigkeit der Menschen und ihrer Politik, darüber nicht wie mancher andere Autor zum Zyniker und Nihilist geworden. Das zeigt auch ein vor bald hundert Jahren entstandenes Gedicht, worin er im Bild eines verschnittenen Baumes etwas von unserer heutigen Lage vorwegnimmt und uns dennoch Mut macht, den Mut nicht zu verlieren:

GESTUTZTE EICHE

Wie haben sie dich, Baum, verschnitten,
Wie stehst du fremd und sonderbar!
Wie hast du hundertmal gelitten,
Bis nichts in dir als Trotz und Wille war!
Ich bin wie du, mit dem verschnittnen,

Gequälten Leben brach ich nicht
Und tauche täglich aus durchlittnen
Rohheiten neu die Stirn ins Licht.
Was in mir weich und zart gewesen,
Hat mir die Welt zu Tod gehöhnt,
Doch unzerstörbar ist mein Wesen,
Ich bin zufrieden, bin versöhnt,
Geduldig neue Blätter treib ich
Aus Ästen, hundertmal zerspellt,
Und allem Weh zum Trotze bleib ich
Verliebt in die verrückte Welt.

Volker Michels

INHALT

 Bezugspapier unter Verwendung eines Aquarells von Hermann Hesse. Gesetzt in der Schrift Garamond. Gedruckt auf holzfreies, alterungsbeständiges Werkdruckpapier der Firma LENK Paper Schleipen GmbH, Bad Dürkheim, von der Memminger MedienCentrum AG, Memmingen. Gebunden in Fadenheftung von der Josef Spinner Großbuchbinderei GmbH, Ottersweier. Dieses Buch wurde klimaneutral produziert: climatepartner.com/14438-2110-1001. Printed in Germany. Erste Auflage 2016.

ISBN 978-3-458-20511-1. www.insel-verlag.de